NORDISCHE GÖTTER

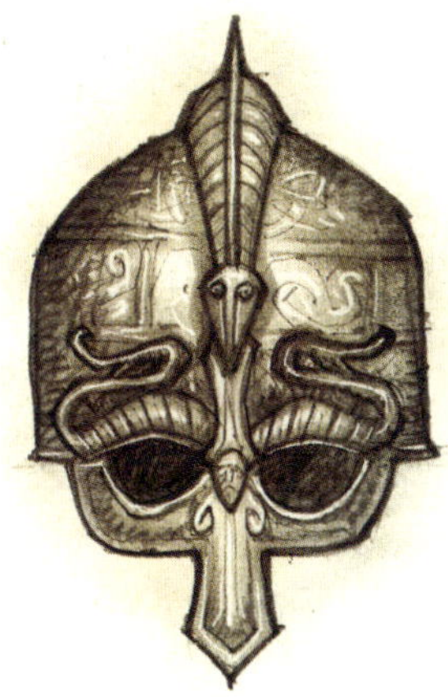

Für Bengt und Lena,
meine Eltern, die mich zeit meines Lebens unterstützt haben.
Indem ihr zu Hause immer für einen Vorrat an Papier und
Stiften gesorgt habt, aber vor allen Dingen, weil ihr mich
umgeben von Büchern habt aufwachsen lassen.

NORDISCHE GÖTTER

AUFGEZEICHNET UND ILLUSTRIERT
VON

JOHAN EGERKRANS

Aus dem Schwedischen von Maike Dörries

WooW
BOOKS

INHALTSVERZEICHNIS

VORWORT

VON PETER MADSEN

Als Johan Egerkrans' Buch *Nordische Wesen* im Jahr 2013 in Schweden erschienen ist, waren viele sehr beeindruckt von der gelungenen Kombination von Text, Layout und ausgesuchtem Buchhandwerk.

Und allem voran die Bilder! Endlich ein zeitgenössischer Illustrator, der würdig ist, das Erbe John Bauers anzutreten, der Anfang des 20. Jahrhunderts die fantastischen Illustrationen für *Bland tomtar och troll* schuf. Bis dahin war es höchstens noch dem Engländer Brian Froud gelungen, eine ähnlich magische Atmosphäre zu erschaffen – aber das war, bevor Johan auf der Bildfläche erschien.

Und damit nicht genug. Nach dem Erscheinen der *Nordischen Wesen* deutete Johan an, sich in seinem nächsten großen Projekt mit den nordischen Göttern beschäftigen zu wollen. Das Ergebnis halten Sie nun in Händen, und es übertrifft einmal mehr alle Erwartungen. Johan hat sich viel Zeit genommen und genau wie schon beim Vorgänger ausgiebig recherchiert. Er hat die nordischen Mythen und Sagen und die Sekundärliteratur dazu studiert, bietet uns aber keinen trockenen Materialzusammenschnitt aus alten Nachschlagewerken an, sondern nimmt sich kreative Freiheiten heraus, um seine persönliche Version der Geschichten zu erzählen. Das unterscheidet sein Buch von der dänischen Comicserie *Walhalla* und von allen mir bekannten Interpretationen. Und genau so soll es sein. Die Mythen gehören uns allen, und sie leben in der Form weiter, die jeder neue Erzähler den Geschichten gibt.

Und noch einmal zu den Illustrationen. Ich vermute, dass Johan mit den Werken der großen Märchen- und Saga-Illustratoren des ausgehenden 19. und beginnenden 20. Jahrhunderts vertraut ist, die aller Wahrscheinlichkeit nach auch John Bauer beeinflusst haben: dem Norweger Theodor Kittelsen, dem Franzosen Edmund Dulac und dem Engländer Arthur Rackham, um nur die Bekanntesten zu nennen. Und natürlich Gustav Tenggren, der Bauers Nachfolger bei *Bland tomtar och troll* wurde.

In Johans Götter-Illustrationen sind neben John Bauer noch zwei bemerkenswerte Inspirationsquellen zu erkennen: der Däne Kay Nielsen, dessen stark am Jugendstil orientierter Strich den meisten wohl aus seiner Gestaltung der Episoden *Ave Maria* und *Eine Nacht auf dem kahlen Berg* im Disney-Film *Fantasia* bekannt ist. Und der finnische Künstler Akseli Gallen-Kallela, der mit seiner beeindruckenden Illustration des finnischen Nationalepos *Kalevala* Aufsehen erregt hat.

Aber Johan lässt sich von vielen Richtungen inspirieren. Man entdeckt immer wieder Referenzen zu aktuellen Comicserien-, Rollenspiel- oder Fantasy-Illustratoren wie zum Beispiel Mike Mignola, Brom und Frank Frazetta, was sicher zu der modernen Wirkung und Frische seiner Bilder beiträgt. Tatsächlich zeichnet sich Johans Stil vor allem durch eine perfekte Mischung aus neuen und alten Techniken aus. Viele Illustratoren produzieren heutzutage Bilder, denen es nach ihrer digitalen Bearbeitung an Lebendigkeit und Persönlichkeit mangelt. Johan hingegen versteht es, die technischen Möglichkeiten der Computerbearbeitung so zu nutzen, dass er seinen handgezeichneten, skizzenartigen Strichzeichnungen und groben Aquarellstrukturen Körperlichkeit und Lebendigkeit verleiht.

Auch wenn er sich gleichermaßen von Altem und Neuem inspirieren lässt, sind Johans Illustrationen aber vor allem Ausdruck seines ganz persönlichen Stils. Mit diesem Buch legt er eine erfrischend mutige und überraschende Darstellung der nordischen Götterwelt vor, die den Leser immer wieder auf Entdeckungsreise einlädt.

In meinem Atelier stehen mehrere Regalmeter Bücher über die nordische Mythologie. Dieses Buch wird einen Ehrenplatz in der Sammlung erhalten.

Peter Madsen

Übersetzung des von Barbro Lindgren
aus dem Dänischen übersetzten Textes
von Maike Dörries

DIE SCHÖPFUNG

ZU BEGINN DER ZEIT
WAR EIN NICHTS.
NICHT SAND NOCH SEE,
NOCH SALZIGE WOGEN.
NICHT ERDE UNTEN
NOCH OBEN HIMMEL.
NUR GÄHNENDE LEERE,
UND GRAS NIRGENDS.

AUS DER *VÖLUSPA* (WEISSAGUNG DER SEHERIN)

GINNUNGAGAP

Am Anfang, vor der Erschaffung der Welt, vor den Menschen und den Göttern, gab es nur Feuer, Eis und das Nichts. Im Süden war das glühend heiße Muspelheim, das Reich der Hitze, des Lichtes und des Chaos. Im Norden, in eisige Nebel gehüllt, lag das Reich der Finsternis und ewiger Kälte, Niflheim. Zwischen den beiden Reichen klaffte der bodenlose Abgrund Ginnungagap.

In Niflheims Mitte lag die Quelle Hvergelmir, aus der elf giftdampfende Flüsse, Eliwagar genannt, entsprangen, die sich in den gähnenden Abgrund ergossen. Die kalten Nebel über den Eisströmen aus dem Norden bildeten eine dicke Eisschicht auf der Niflheim zugewandten Seite des Ginnungagap. Von der anderen Seite schwappten Hitzewellen und Funken aus Muspelheim herüber. In der Mitte der Schlucht, wo Feuer und Eis aufeinandertrafen, entstand in dem Schmelzwasser erstes Leben in Gestalt des entsetzlichen Urriesen Ymir.

Während der Riese nach und nach zum Leben erwachte, formte sich aus dem Nebel eine weitere Gestalt: die Urkuh Audhumbla. Aus ihren Euterzitzen rannen vier Milchflüsse, deren nahrhafte Milch Ymir gierig in sich aufsaugte. Nach der üppigen Mahlzeit fiel er erschöpft in einen tiefen Schlaf. Da wuchsen aus seinen schweißfeuchten Achselhöhlen ein Sohn und eine Tochter, und seine Füße zeugten miteinander einen sechsköpfigen Sohn, der der Stammvater des Riesengeschlechts wurde. Ymirs Abkömmlinge breiteten sich schnell in dem jungen Kosmos aus.

Audhumbla ihrerseits leckte an den salzigen Steinen unter der dicken Eisdecke. Als sie daran leckte, kamen am ersten Tag Haarbüschel darunter hervor, am zweiten Tag der Kopf eines Mannes und am dritten Tag ein großer, stattlicher Mann. Der Mann hieß Buri und wurde Vater von Bor. Dieser vermählte sich mit der Riesin Bestla, die drei Söhne gebar – Odin, Wile und We.

Sie waren die ersten Götter.

Bors Söhne erschaffen die Welt

Die zwei von den Urwesen abstammenden Geschlechter der Riesen und Götter hassten einander. Und als sie heranwuchsen, beschlossen Odin, Wile und We, Ymir zu töten. Sie wollten die Herrschaft der Riesen beenden und für Ordnung im Kosmos sorgen. Nach einem gewaltsamen Zusammenstoß, der die Schöpfung in ihren Grundfesten erschütterte, gelang es ihnen, den monströsen Riesen zu töten. Alle anderen Riesen ertranken in Ymirs gewaltigem Blutstrom. Alle außer einem, der hieß Bergelmir. Er und seine Familie konnten sich auf einem Floß durch die Sintflut retten. Bergelmir ist der Stammvater der sogenannten Reifriesen.

Bors Söhne brachten die sterblichen Überreste Ymirs in die Mitte des Ginnungagap. Unter der Anleitung Odins begannen sie den Körper zu zerteilen und bauten daraus die Welt. Aus dem Fleisch des Urriesen formten sie die Erde, aus den Knochen und Zähnen Berge und Felsen. Seine Haare wurden Bäume und sein Bart das Gras. Sein Blut wurde die Seen und der große Ozean, der die Erde umspannte. Aus seinem Schädel machten sie das Himmelsgewölbe und postierten in jeder Himmelsrichtung einen Zwerg, um den Himmel zu stützen. Diese vier Zwerge bekamen die Namen Austri, Westri, Nordri und Sudri. Das Gehirn warfen sie in die Luft – so entstanden die Wolken.

Die Erde war rund und umgeben vom tiefen Weltenmeer. Als Odin und seine Brüder am Meeresstrand entlangwanderten, fanden sie zwei an Land geschwemmte Baumstämme, aus denen sie die zwei ersten Menschen formten. Odin hauchte ihnen Seele und Leben ein, Wile schenkte ihnen Verstand und We die sieben Sinne, darunter die Fähigkeit zu sprechen, zu sehen und zu hören. Sie gaben ihnen Kleidung und ihre Namen – den Mann nannten sie Ask (Esche) und die Frau Embla (Ulme). Von ihnen stammt das Menschengeschlecht ab.

Die Götter überlegten, dass ihre Geschöpfe einen Ort zum Leben brauchten, und bauten im Landesinnern eine Mauer aus den Augenbrauen Ymirs. Die Festung und das Land innerhalb der Mauern nannten sie Midgard. Das war von nun an der Wohnort der Menschen. Das Land entlang der östlichen Meeresstrände auf der anderen Seite der Mauer überließen sie den überlebenden Riesen. Es wurde Jötunheim genannt.

Als die Götter Ymirs Fleisch zerteilten, wimmelte es darin vor lauter Leichenmaden. Und sie gaben ihnen eine neue Gestalt. Die eine Hälfte wurde zu den handwerklich geschickten, eher hässlichen Zwergen, Schwarzalben genannt. Sie ließen sich in dem Teil der Unterwelt mit dem Namen Svartalfheim nieder. Die andere Hälfte wurde zu den weisen und schönen Lichtalben, die in unmittelbarer Nachbarschaft mit den Göttern im himmlischen Alfheim lebten. Schwarzalben und Lichtalben bilden eine ganz eigene Wesensform – weder Gott noch Mensch, sondern etwas dazwischen.

Die Götter fingen glühende Funken und Flammen aus Muspelheim ein und warfen sie an den Himmel, damit sie die Welt erleuchteten. So entstanden die Sterne, die Sonne und der Mond.

Manche Himmelskörper schickten sie auf festen Bahnen über den Himmel, um den Gang der Zeit sichtbar zu machen. So fuhr beispielsweise die schöne Nachtgöttin Nott (Nacht), eine Riesin mit rabenschwarzem Haar, in der dunklen Zeit des Tages in ihrem Wagen über den Himmel, der von dem Hengst Hrimfaxi gezogen wurde. Der Schaum aus dem Maul des Hengstes fiel als Tau auf die Erde. Notts Sohn Dagr (Tag) erleuchtete in der anderen Tageshälfte Himmel und Erde mit der glänzenden Mähne seines Pferdes Skinfaxi.

Am Rand des Himmelsgewölbes lenkte der Riesenadler Hräsvelg durch das Schlagen seiner riesigen Flügel die Winde in den verschiedenen Welten. Der Wechsel der Jahreszeiten war zu gleichen Teilen zwischen Winter und Sommer verteilt. Winter war ein grimmiger und bösartiger Nachkomme der grausamen Frostriesen, Sommer eine sanfte und freundliche Gottheit.

Die Menschen, Asks und Emblas Nachkommen, begannen, die Welt zu bevölkern. Der Riese Mundilfari zeugte eine Tochter und einen Sohn, die er so schön fand, dass er sie Sol und Mani nach den Gestirnen Sonne und Mond taufte. Aus Zorn über diese Anmaßung nahmen die Götter ihm seine Kinder weg und machten sie zu Wächtern über die Gestirne, nach denen sie benannt waren. Sol lenkte von nun an den Wagen, der die glühende Sonne über den Himmel zog, und Mani den Mondwagen.

Sol und Mani fahren schnell, weil sie ohne Unterlass von zwei Riesen in Wolfsgestalt verfolgt werden, Skalli und Hati, die sie verschlingen wollen. Zwischendurch holen die Wölfe ihre Beute fast ein, und dann kann man sehen, wie der Mond oder die Sonne langsam in ihren aufgerissenen Mäulern verschwinden, um am Ende doch immer wieder zu entkommen. Wir nennen das heute Sonnen- oder Mondfinsternis. Am Ende der Zeiten werden Sol und Mani von ihren Verfolgern verschlungen werden.

ASGARD
URD-
BRUNNEN
WANEN-
HEIM
ALFHEIM
BIFRÖST
JÖTUN-
HEIM
MIMIRS-
BRUNNEN
MIDGARD
MUSPELL-
HEIM
HELHEIM
SVART-
ALF-
HEIM
NIFL-
HEIM
HVER-
GELMIR

YGGDRASIL UND DIE NEUN WELTEN

Der Kosmos ist in neun Reiche oder Welten aufgeteilt:

ASGARD, **auch Godheim genannt, ist der Wohnort der Asen – das kriegerische Göttergeschlecht, dessen König Odin ist. Hier liegen die Paläste und Hallen der Götter und der heilige Urdbrunnen.**

WANENHEIM **ist die Heimat des zweiten Göttergeschlechts, der Wanen. Ihr Häuptling ist Njörd. Den Wanen werden das Wasser, die Fruchtbarkeit und Zauberkräfte zugeordnet.**

ALFHEIM **ist der Wohnsitz der Lichtalben, elfenhafte Wesen, die den Göttern nahestehen. Der Wane Frey herrscht über die Alben.**

MIDGARD **oder Mannheim ist die Menschenwelt. Sie liegt, wie der Name andeutet, in der Mitte der Schöpfung. Midgard heißt auch die Festung, die die Sterblichen vor den Angriffen der Riesen schützt. In den Tiefen des großen Weltenmeers schlängelt sich die Furcht einflößende Midgardschlange um die Welt der Menschen.**

MUSPELHEIM **ist das Reich des Feuers und des Chaos und eine der zwei ursprünglichen Welten. Kein Wesen, das nicht dort geboren ist, überlebt in den Flammen. Hier herrschen seit Urzeiten der dämonische Surt und seine Feuerriesen.**

JÖTUNHEIM **ist die Heimat von Ymirs Nachkommen – den gefürchteten Eis- oder Frostriesen. Sie sind groß, stark und zauberkundig und die Todfeinde der Götter und Menschen. Hier liegen unter einer der Wurzeln des Weltenbaums Yggdrasil der Mimirsbrunnen, der finstere Eisenwald und die mystische Festung Utgard.**

SVARTALFHEIM **gehört zur Unterwelt. Hier leben die Zwerge – die vormaligen Maden aus Ymirs Kadaver. Jetzt fressen sie sich mit ihren Werkzeugen durch Erde und Gestein wie Leichenmaden durch totes Fleisch. Sie sind geschickte Schmiede und Handwerker.**

HELHEIM oder kurz Hel ist die Heimstatt der Toten. Es ist ein dunkler und totenstiller Ort. Die Herrscherin Hel ist genauso finster wie ihr Reich.

NIFLHEIM ist der tiefste Ort der Unterwelt. Hier herrscht ewige Kälte und Dunkelheit, und die schlimmsten Sünder werden vom Drachen Nidhögg und unzähligen Lindwürmern gepeinigt und bestraft.

Durch all diese Welten erstrecken sich die Äste und Wurzeln der Weltenesche YGGDRASIL. Ihren Ursprung kennt niemand, außer möglicherweise Mimir und die Nornen – aber sie sagen nichts. Yggdrasil umfasst den gesamten Kosmos. Ihre grüne Krone breitet sich über die Welt und streckt sich bis in den Himmel. Das weitverzweigte Wurzelsystem ist dreigeteilt. Eine Wurzel zieht sich durch Asgard, eine streckt sich an Jötunheim vorbei in den Ginnungagap, und die dritte reicht bis hinunter nach Niflheim. Unter jeder Wurzel ist eine Quelle – im Reich der Kälte die giftige Hvergelmir, im Land der Riesen der Mimirsbrunnen und in Asgard der heilige Urdbrunnen.

Am Urdbrunnen leben die drei Nornen, die die Schicksale der Götter und Menschen spinnen. Dort haben die Götter ihren Thingplatz und treffen sich täglich an der Quelle, um ihren Rat abzuhalten. Die Götter reiten über die Brücke Bifröst dorthin, außer Thor, der es vorzieht, zu Fuß zu gehen.

Yggdrasil wird von vielen Wesen bedrängt. Vier Hirsche laufen in der Baumkrone der Esche herum und fressen ihre Blätter. Auf dem Dach Walhalls steht die Ziege Heidrun und frisst sich ebenfalls an den Blättern satt. Aber am übelsten spielen ihr die Schlangen mit, die an der Wurzel nagen, die nach Hvergelmir in die Unterwelt hinabreicht. Die größte und gefährlichste von ihnen ist der leichenfressende Todesdrache Nidhögg. Trotz all dieser Kräfte, die an ihr zehren, ist die Weltesche immer grün.

In Yggdrasils Krone sitzt ein gigantischer Adler. Von seiner erhöhten Position kann er alles sehen, was in den neun Welten vor sich geht. Der Adler und Nidhögg hassen sich wie die Pest, und zwischen ihnen wieselt ein Eichhörnchen namens Ratatosk am Eschenstamm auf und ab, um die gegenseitigen Beleidigungen der beiden Erzfeinde zu überbringen.

Die Esche Yggdrasil duldet Unbill,
mehr als Menschen wissen.
Der Hirsch weidet oben, hohl wird die Seite,
unten nagt Nidhögg.

AUS *GRIMNISMAL* (DAS LIED VON GRIMNIR)

ASEN UND WANEN

FRIGG, THOR UND ODIN
ILLUSTRATION AUS OLAUS MAGNUS'
GESCHICHTE DER NORDISCHEN VÖLKER

Die meisten Götter entstammen einem der beiden Göttergeschlechter der Asen oder Wanen. Asen sind die Götter der Macht, der Weisheit und des Krieges, während den Wanen Naturverbundenheit, Fruchtbarkeit und Magie zugeschrieben werden. Andere Wesen wie Loki, Mimir und Skadi gehören ihrer Abstammung nach zu den Riesen, haben sich aber auf unterschiedliche Weise mit den Asen verbündet. Götter sind zwar mächtige Wesen, aber bei Weitem nicht allmächtig. Wie die Menschen sind sie dem Schicksal unterstellt, und wie die Menschen altern sie und können sogar sterben.

ODIN **ist der oberste Gott, der Göttervater. Er ist Herrschergott, Kriegsgott, Gott des Heldentodes und der Skalden. Sein Wissensdurst ist unerschöpflich, und er ist einäugig, weil er auf der Suche nach Wahrheit und Erkenntnis Mimir, dem Hüter der Quelle der Weisheit, ein Auge geopfert hat. Das Oberhaupt der nordischen Götter ist bei den Bewohnern Midgards nicht besonders beliebt, weil man nie weiß, woran man mit ihm ist.**

THOR **ist Odins Sohn und der stärkste und mächtigste Ase. Er ist Donnergott, Herrscher über Stürme und Unwetter. Und Beschützer der Menschen und Asen.**

FRIGG **ist die einflussreichste Göttin, Odins Gemahlin und Königin der Asen. Sie ist Schutzherrin der Mutterschaft und Ehe.**

FREY **waltet über Regen und Sonnenschein, Pflanzenwuchs und Fruchtbarkeit. Er ist verantwortlich für Reichtum und Frieden und ist einer der Hauptgötter der Wanen.**

FREYA ist Freys verführerische Schwester, eine widersprüchliche Gestalt, die über die Liebe und den Tod herrscht. Sie ist zauberkundig und diejenige, die Odin in die Mysterien der Weissagung einweiht.

TYR ist der Gott der Krieger und gilt als der mutigste der Asen. Tyr ist auch der Hüter der Gerechtigkeit und der Thingversammlungen.

BALDER ist der gütigste und sanftmütigste der Götter. Er lebt mit seiner Frau Nanna in Breidablick, einem himmlischen Ort, der frei ist von allem Unreinen.

NJÖRD, Freys und Freyas Vater, ist einer der Wanen, die in Asgard leben. Er ist Herrscher über den Wind und das Meer.

HEIMDALL ist der Wächter von Asgard. Seinen Posten am Kopf der Regenbogenbrücke Bifröst verlässt er nie, um Feinden der Asen den Zugang nach Asgard verwehren zu können.

LOKI wird als der Erfinder der Intrige bezeichnet. Der Sohn zweier Riesen wird von Odin eingeladen, in Asgard zu leben, nachdem die beiden sich angefreundet haben. Er ist gewitzt und schlagfertig, was ihn sehr beliebt macht bei den Asen. Aber er hat auch eine dunkle, verschlagene Seite. Das Böse in ihm wächst unaufhaltsam und beschert den Göttern großes Unheil.

MIMIR ist der Hüter des Brunnens der Weisheit unter Yggdrasils zweiter Wurzel in Jötunheim. Er darf als Einziger aus der Quelle trinken und ist daher das weiseste Wesen der gesamten Schöpfung.

HÖNIR hat den Beinamen »Der schnelle Ase«. Er hat eine Zeit lang als Friedensgeisel bei den Wanen gelebt. Hönir ist Odins Vertrauter und begleitet ihn häufig auf dessen Wanderungen durch die neun Welten.

GEFJON ist die Schutzherrin der Jungfrauen. Jede Frau, die unverheiratet stirbt, kommt nach dem Tod in ihre Halle.

BRAGI beherrscht die Skaldenkunst wie kein anderer. Er ist der Gott der Dichtkunst, Musik und Rhetorik und mit Idun verheiratet.

IDUN ist die Wächterin der heiligen Äpfel, deren Verzehr den Göttern ewige Jugend beschert. Sie verwahrt sie in einem Schrein und hat immer genügend Früchte vorrätig, um alle Asen damit zu versorgen.

SKADI ist Njörds Frau und Tochter des Riesen Thiazi. Sie ist unabhängig und kühl und fühlt sich im einsamen Gebirge auf Skiern und mit einem Bogen in der Hand am wohlsten.

ULLER ist der Gott des Winters, der Weiden und des Zweikampfes. Wie Skadi liebt er es, auf Skiern und mit einem Bogen in der Hand unterwegs zu sein.

HÖDUR ist auch ein Sohn Odins. Er ist mächtig, aber blind. Die Götter wollen wegen einer schrecklichen Tat, die er begangen hat, nichts mehr von ihm wissen.

VIDAR ist der Sohn Odins und der Eisriesin Grid und wird auch »Der schweigsame Ase« genannt. Er ist fast so mächtig wie Thor und trägt einen magischen Lederschuh.

VALI ist der Sohn von Odin und der Riesin Rind. Er ist ein geschickter Krieger, der stets sein Ziel trifft.

FORSETI ist Balders und Nannas Sohn. Er ist oberster Streitschlichter und spricht in seiner prächtigen Halle Glitnir Recht.

SAGA ist die Göttin der Weisheit, der Sagen und Geschichten und gilt als Seherin.

EIR ist die Göttin der Heilung und Heilkunde.

FULLA ist die Dienerin und Vertraute von Frigg und hütet deren Schmuckkästchen, in dem alle Geheimnisse bewahrt werden.

SJÖFN ist eine Göttin, die das Liebesverlangen zwischen Menschen weckt.

LOFN ist die Göttin und Namensgeberin für das Wort »Gelöbnis«. Liebende, die aus irgendeinem Grund daran gehindert wurden, einander zu heiraten, beteten früher zu ihr.

VAR oder VÖR ist die Göttin des Gelübdes und der Wahrheit. Sie ist so neugierig und scharfsichtig, dass ihr nichts verborgen bleibt. Wird ein Gelübde oder ein Vertrag gebrochen, sorgt Var dafür, dass der Wortbrüchige bestraft und Vergeltung geübt wird.

SYN ist die Göttin der Gerechtigkeit und wacht vor den Toren der Gerichtshalle Wingolf. Sie passt auf, dass niemand, der die Wahrheit verschweigt, herauskommt, und keine unerwünschten Fremdlinge hineinkommen.

HLIN wacht über die Sterblichen, die unter Friggs Schutz stehen.

SNOTRA ist die Göttin der Klugheit, Tugend und Sittsamkeit. Sie ist klug und kann jede Lebenslage meistern.

GNA ist Friggs Botschafterin. Mit ihrem Pferd Hofvarpnir kann sie durch die Luft und übers Wasser reiten.

LOKI, FREY UND TYR
ILLUSTRATION AUS OLAUS MAGNUS'
GESCHICHTE DER NORDISCHEN VÖLKER

Unter der Führung ihres Göttervaters Odin erhoben sich die Götter gegen das Chaos und die Barbarei, für die sie die Riesen verantwortlich machten. Ihrer aller Ziel war es, eine Welt zu schaffen, in der Ordnung und Gesetze herrschten. Nach Vollendung der Schöpfung versammelten sie sich in Midgards Mitte und errichteten dort die massive Festung Asgard, die ihre Heimat wurde. Dort lag auch der Versammlungsplatz der Götter, Idawöll oder Idafeld genannt, und all ihre prachtvollen Hallen.

Zuerst wurde eine ganz und gar goldene Halle errichtet, Gladsheim, in der die Throne der Asen standen. Wingolf hieß die nicht weniger prächtige Gerichtshalle der Göttinnen. Odins Halle Hlidskialf mit dem silbernen Dach lag so hoch in Asgard, dass er von seinem Hochsitz aus alle neun Welten überblickte. Zu Odins Anwesen gehörte auch die riesige Halle Walhall, wo die Hälfte aller im Kampf gefallenen Krieger hinkam.

Odins Sohn Thor bewohnte einen großen Hof mit über fünfhundert Räumen im Reich Trudvang. Balder lebte bis zu seinem tragischen Tod im himmlischen Breidablick, einem Ort, frei von allem Bösen. Freya lebte in der prachtvollen Halle Folkwang. Dorthin kam die andere Hälfte der ehrenvoll in der Schlacht gefallenen Krieger.

Der einzige Weg nach Asgard führt über die gewaltige Brücke Bifröst, die die himmlische Götterwelt mit dem Rest der Schöpfung verbindet. Manchmal können wir sie als Regenbogen am Himmel erkennen. Nur Götter dürfen über die Brücke reiten – der rote Streifen im Regenbogen ist ein flammendes Feuerband, das alle anderen Wesen verzehrt, die versuchen, die Brücke zu überqueren. So schützen sich die Götter gegen Angriffe der Riesen und Frostriesen. Die Brücke mag schmal wirken, ist aber sehr viel stabiler, als man meinen könnte, und hat bis zum Untergang der Welten Bestand. Am Brückenkopf steht die Himmelsburg, in der Heimdall, der Wächter der Brücke, lebt und alle unbefugten Eindringlinge abwehrt.

Odin schoss
den Schaft in die Scharen.
Die erste Schlacht
in der Welt ward geschlagen.

AUS DER *VÖLUSPA*
(WEISSAGUNG DER SEHERIN)

DER URKRIEG

Die Götter waren sich nicht immer einig gewesen – kurz nachdem die Asen Asgard errichtet hatten, herrschte Krieg zwischen den Asen und Wanen.

Die zauberkundige Gullveig aus dem Göttergeschlecht der Wanen schleuste sich heimlich am Hof der Asen ein, um dort mithilfe ihrer magischen Kräfte Gier und Zwietracht zu säen. Doch irgendwann hatten die Asen genug von ihren Intrigen und beschlossen, der Unheilstifterin ein Ende zu bereiten. Sie durchbohrten die Zauberin mit ihren Speeren und warfen sie auf den Scheiterhaufen. Aber Gullveig war nicht so leicht aus dem Weg zu räumen. Dreimal warfen die Asen sie ins Feuer – und dreimal stand sie wieder aus der Asche auf.

Die Asen und Wanen trafen sich zu einer Ratsversammlung, wo die Wanen eine Entschädigung für die grobe Behandlung Gullveigs forderten. Das verweigerten die Asen. Wutentbrannt schleuderte Odin seinen Speer gegen das Heer der Wanen und eröffnete damit den allerersten Krieg. (Danach wurde es Brauch unter den Menschen, zu Ehren von Odin jeden Kampf damit einzuleiten, dem Feind einen einzelnen Speer entgegenzuwerfen.)

Der Krieg wütete lange. Beide Seiten errangen große Siege, aber erlitten auch ebenso große Verluste. Irgendwann waren die Götter das ständige Kämpfen leid. Sie kamen erneut zusammen, um einen Waffenstillstand zu verhandeln und als Garantie, dass der Friede eingehalten wurde, Geiseln auszutauschen. Die Wanen schickten den Meergott Njörd und seine Kinder Frey und Freya nach Asgard, während der weise Mimir gemeinsam mit Hödur nach Wanenheim geschickt wurde. Schließlich besiegelten die Götter den Frieden, indem jeder von ihnen in ein Fass spuckte. Um diesem Friedenszeichen auch über die Verhandlung hinaus Bestand zu geben, erschufen sie aus dem Speichel einen Mann, den sie Kvasir nannten.

GÖTTER UND GÖTTINNEN

HEIL EUCH, ASEN!
HEIL EUCH, ASINNEN!
HEIL ALLEN GNÄDIGEN GÖTTERN!

AUS *LOKASENNA* (LOKIS ZANKREDEN)

ODIN

ALLVATER * GÖTTERVATER * YGG (DER SCHRECKLICHE) * GOTT DER GEHÄNGTEN * EINAUGE * BLUTGOTT * GRIMNIR (DER MASKIERTE) * GANGLARI (DER VOM GEHEN MÜDE) * HERJAN (HEERFÜHRER) * TUNN * UNN * BÖLVERK (UNHEILSTIFTER)

ODIN, HUGIN UND MUNIN
HELMPLATTE VON VENDEL

Odin ist der älteste und mächtigste unter den Göttern. Die anderen Götter respektieren ihn wie einen Vater, weshalb er auch »Allvater« oder »Göttervater« genannt wird. Er ist nicht nur das Oberhaupt der Götter und ihr Heerführer, sondern auch Himmelsgott, Kriegsgott, Gott der Dichtkunst und des Heldentodes. Zusammen mit seinen geheimnisvollen Brüdern Wile und We hat er die Welten erschaffen.

Odin war, trotz seiner herausragenden Position, ziemlich unbeliebt bei den Menschen, weil man nie genau wissen konnte, woran man mit ihm war. Er galt als eine widersprüchliche Gottheit – in einem Moment gütiger und gerechter Anführer, im nächsten skrupelloser Manipulator, der vor nichts zurückschreckte, um sein Ziel zu erreichen.

Er besitzt ein achtbeiniges Schlachtross namens Sleipnir, zwei wilde Wölfe, Geri und Freki, und zwei Raben, Hugin und Munin. Seine gefürchtetste Waffe ist der in Lokis Auftrag von Zwergen geschmiedete Speer Gungnir, der niemals sein Ziel verfehlt. Weiter ist Odin im Besitz eines goldenen Zauberrings, Draupnir (Tröpfler), der ebenfalls von Zwergen geschmiedet wurde. In jeder neunten Nacht tropfen von ihm acht neue Goldringe ab – ebenso schwer und glänzend wie das Original. Darum mangelt es den Asen nie an Gold.

Ich weiß, dass ich hing
am windigen Baum
neun lange Nächte,
vom Speer verwundet,
dem Odin geweiht,
mir selbst ich selbst,
am Ast des Baums, dem
man nicht ansehn kann,
aus welcher Wurzel
er spross.

AUS *HAVAMAL* (DES HOHEN LIED)

Odins vorrangigste Rolle ist wohl die des Kriegsgottes. Er entscheidet, wer die Schlacht gewinnt und wer in ihr fällt, und die ihm dienenden Walküren reiten über das Schlachtfeld, um seinen Beschluss auszuführen. Nicht zufällig sind seine tierischen Begleiter Raben und Wölfe – Tiere, die mit Schlachtfeldern assoziiert werden, weil sie sich in früheren Zeiten oft über die Leichen der Gefallenen hergemacht haben.

Der Speer war schon immer ein Symbol für den Kriegsgott, und man versprach ihm das gegnerische Heer, indem vor Beginn der Schlacht ein Vorkämpfer mit den Worten »Odin geweiht« einen Speer in dessen Richtung warf.

Als diese Vorkämpfer wählte Odin häufig heldenhafte Krieger, die er als Gegenleistung bei der Überwindung ihrer Feinde unterstützte. Dafür verlangte er von den Helden Treue bis in den Tod, der meist eher früher als später eintrat. Denn obgleich Odin seinen Kämpen mit gutem Rat und verzauberten Waffen zur Seite stand, ließ er seine Helden in kritischen Momenten nicht selten im Stich. Denn nur, wenn die von ihm auserwählten Krieger ehrenvoll in der Schlacht sterben, kann er sie in den Kreis der Helden, der Einherjer, in Walhall aufnehmen. Und die braucht er für sein Heer, wenn Ragnarök, der Untergang der Welten, kommen wird. Nicht zuletzt deswegen hatte Odin den Ruf eines falschen und treulosen Gottes. Ein Pakt mit ihm versprach für einen gewissen Zeitraum Macht und Kriegsglück, am Ende aber immer den eigenen Fall.

Odin gehört zu den weisesten Wesen der neun Welten und wird angetrieben von unersättlichem Wissensdurst. Er verfügt nicht nur über das Wissen der Vergangenheit und Gegenwart, sondern kann auch mithilfe von Magie und Runen in die Zukunft schauen.

Die Kunst des Weissagens hat er von der Wanengöttin Freya gelernt. Um das Geheimnis der Runen zu erlangen, brachte er sich selbst dem Göttervater Odin als Opfer dar, indem er sich neun Nächte an einen Ast des Weltenbaums Yggdrasil hängte, durchbohrt von seinem eigenen Speer.

Gelingt es Odin nicht selbst, in die Zukunft zu schauen, scheut er nicht davor zurück, Tote zu erwecken und sie auszufragen, da die Toten Zeit und Raum anders wahrnehmen als die Lebenden. Für sie fließen Gegenwart, Vergangenheit und Zukunft ineinander. Ein geeigneter Ort für die Befragung frisch Verstorbener sind Galgenberge, weshalb Odin auch den Beinamen »Gott der Gehängten« erhielt.

Odin ist einäugig, seit er für einen Schluck aus der Quelle der Weisheit dem Brunnenhüter Mimir ein Auge geopfert hat. Und er begibt sich als Wanderer unerkannt in die Welt der Menschen, Götter und Riesen, um ihre Geschichten zu erfahren.

Was sagt uns diese unermüdliche Suche nach Wissen, Wahrheit und Erkenntnis? Wissen bedeutet Macht, und Odin braucht alle ihm zur Verfügung stehende Macht, um Ragnarök, den letzten Kampf, abzuwehren.

Ein Vorhaben, von dem er in seinem tiefsten Innern weiß, dass es zum Scheitern verurteilt ist, weil das Schicksal der Götter vorherbestimmt ist. Und dennoch kämpft Odin bis zum Ende mit allen Mitteln, um den Untergang zu verhindern.

Onsdag (schwedisch für Mittwoch) – Odins Tag – geht auf Odin zurück.

HUGIN UND MUNIN

Auf Odins Schultern sitzen die Raben Hugin und Munin, seine Kundschafter und Berichterstatter. Sie fliegen jeden Tag durch die Welten der Götter und Menschen und sammeln Informationen und Neuigkeiten. Danach kehren sie zum Allvater zurück, der sie auf seinem Hochsitz erwartet, und raunen ihm ins Ohr, was sie gesehen und gehört haben.

Hugin bedeutet »Gedanke« und Munin »Erinnerung«. In manchen Auslegungen werden die Raben als Teil des Gottes beschrieben – seine Vernunft und sein Verstand in Vogelgestalt. Odin sorgt sich unablässig um seine Raben, wenn sie in den Welten unterwegs sind, und fürchtet den Tag, an dem sie nicht zu ihm zurückkehren.

Hugin und Munin müssen jeden Tag
über die Erde fliegen.
Ich (Odin) fürchte, dass Hugin
nicht nach Hause kehrt;
Doch sorg ich mehr um Munin.

AUS *GRIMNISMAL* (DAS LIED VON GRIMNIR)

WALHALL UND DIE EINHERJER

In Walhall, der »Wohnung der Gefallenen«, kommen die Einherjer zusammen – von Odin auserwählte Krieger und Helden, die ruhmreich in der Schlacht gefallen sind. Dort verbringen sie ihre Tage im Kampf gegeneinander. Morgens ziehen sie ihre Rüstungen an, bewaffnen sich mit ihren Schwertern und veranstalten auf dem Idafeld vor der Halle eine wilde Schlacht. Es fließt Blut in Strömen, Schilde werden zerschlagen, und abgeschlagene Gliedmaßen fliegen durch die Gegend. Am Abend erstehen alle in der Schlacht Gefallenen wieder auf. Die übel verstümmelten Kämpfer werden wie von Zauberhand geheilt, begeben sich zurück nach Walhall und feiern fröhlich miteinander.

Die Einherjer alle in Odins Saal
streiten Tag für Tag.
Sie kiesen die Wal,
reiten vom Kampfe heim,
sitzen beisammen versöhnt.

AUS *VAFTRUDNISMAL*
(WAFTHRUDNIRLIED)

Odin ist der Gott der Häuptlinge und Könige, darum kommen nur die Hochgestellten zu ihm. Es sind aber nicht nur Männer, die Odin zugeteilt werden, auch Schildmaide und Frauen von hoher Abstammung, die im Kampf gefallen sind, sind willkommen.

Die Einherjer sind Odins private Elitegarde, die in Ragnarök an seiner Seite gegen die bösen Mächte kämpfen. Obgleich nahezu unzählbar – da seit der Entstehung der Welt viele Helden gefallen sind –, ist ungewiss, ob ihre Zahl in der letzten Schlacht ausreicht.

Wie viele Einherjer auch in Walhalla sind, das Fleisch von Odins Eber Saehrimnir reicht immer aus, um alle Krieger zu sättigen. Jeden Tag wird er vom Koch Andhrimnir geschlachtet und zubereitet und nach dem Verzehr wieder zum Leben erweckt, um am nächsten Tag wieder aufgegessen zu werden. Der Met, den sie trinken (die mächtigen Krieger würden sich niemals mit einem anderen Getränk als Honigwein zufriedengeben), fließt aus dem Euter der Ziege Heidrun, die auf Walhallas Dach steht und an den Zweigen der Weltenesche frisst. Der Met aus ihrem Euter füllt jeden Tag ein riesiges Fass. Odin selbst isst nichts und trinkt nur Met, während er schweigend auf seinem Thron sinniert.

Trotz der großen Anzahl der Krieger gibt es beim Verlassen oder Betreten von Walhall nie Gedränge, weil jedes der fünfhundertvierzig Tore so breit ist, dass achthundert Einherjer nebeneinander hindurchlaufen können. Das gesamte Gebäude ist auf Krieg ausgerichtet, was sich auch in der Architektur widerspiegelt. Der Dachstuhl besteht aus riesigen Speeren und ist mit Schilden gedeckt. Der Haupteingang wird von zwei Respekt einflößenden Tieren, einem Wolf und einem Adler, bewacht.

SKALDENMET

Die Geschichte des Skaldenmet hat ihren Ursprung in den Friedensverhandlungen nach der großen Schlacht zwischen den Asen und Wanen. Zur Friedensbesiegelung spuckten alle Götter in ein großes Fass und schufen aus dem gesammelten Speichel einen Mann. Er bekam den Namen Kvasir, war über alle Maßen weise und kannte die Antworten auf alle Fragen. Die Götter sandten Kvasir in die Welt, um seine Weisheit unter den Menschen zu verbreiten.

Auf seiner Reise traf Kvasir auf zwei bösartige Zwerge, die Schwarzalben Fjalar und Galar, die ihn erschlugen. Sie fingen sein Blut in drei Eimern auf, rührten Honig darunter und brauten aus der Mischung einen magischen Met. Wer von diesem Wein trank, wurde unermesslich weise und konnte dichten und singen.

Kurz darauf töteten Fjalar und Galar den Riesen Gilling und seine Frau, indem sie ihn ertränkten und ihr einen Mühlstein auf den Kopf schlugen. Gillings auf Rache sinnender Sohn Suttung fing die mörderischen Zwerge und setzte sie auf einer Klippe im Meer aus, damit sie beim nächsten Hochwasser ertränken. Fjalar und Galar flehten Suttung an, sie leben zu lassen, und boten ihm im Austausch dafür den Skaldenmet an. Sie einigten sich, und Suttung nahm die drei Eimer mit sich, schloss sie tief im Berg ein und beauftragte seine Tochter Gunnlöd, den Skaldenmet zu bewachen.

Als Odin von dem wundersamen Honigwein hörte, schmiedete er einen listigen Plan, um ihn in seinen Besitz zu bringen. Er suchte die neun Knechte von Suttungs Bruder Baugi bei der Heuernte auf dem Feld auf. Die Arbeit ging schleppend voran, weil die Sensen stumpf waren. Odin holte einen Wetzstein und bot ihnen an, die Sensen zu schleifen, was die Knechte dankbar annahmen. Die Arbeit ging ihnen jetzt leicht von der Hand, und die Knechte drängten Odin, ihnen den Wetzstein zu verkaufen.

Darauf sagte Odin, dass er demjenigen gehören sollte, der ihn als Erster fing, und warf den Stein in die Luft. In dem Tumult, der daraufhin entstand, schnitten sich die Knechte gegenseitig mit den frisch geschliffenen Sensen die Köpfe ab.

Odin ließ die enthaupteten Knechte auf dem Feld zurück und begab sich zu Baugi, dem er sich als Bölverk vorstellte. Baugi klagte ihm sein Leid, wie schwer es wäre, gute Arbeiter zu finden – seine letzten Knechte hätten es doch tatsächlich fertiggebracht, sich gegenseitig die Köpfe abzuschneiden. Bölverk bot Baugi seine Dienste an und behauptete, dass er für neun Männer arbeiten könnte. Als Lohn forderte er einen Schluck von dem Dichtermet von Baugis Bruder Suttung. Baugi sagte, dass nur Suttung allein über den Met bestimmte, er aber ein gutes Wort für ihn einlegen wollte.

Den Sommer über führte Bölverk, wie versprochen, die Arbeit von neun Männern aus, aber als der Winter anbrach, verlangte er seinen Lohn von Baugi. Sie begaben sich zu Suttung, aber der weigerte sich, auch nur einen Tropfen seines kostbaren Honigweins abzugeben. Die Absprache zwischen seinem Bruder und Bölverk war ihm gleichgültig. Nach ihrem Treffen sagte Bölverk, dass es andere Wege geben musste, an den Met zu kommen, und dass es Baugis Pflicht sei, ihm dabei zu helfen. Sie begaben sich zu dem Berg, in dem Gunnlöd den Met bewachte. Dort beauftragte Bölverk alias Odin Baugi, ein Loch durch den Fels bis in die Kammer der Riesin zu bohren. Sobald das Loch gebohrt war, verwandelte Bölverk sich in eine Schlange und schlüpfte in den Berg.

Gunnlöd staunte nicht schlecht, als in ihrer Höhle eine Schlange auftauchte, aber nachdem die sich in den ansehnlichen Bölverk verwandelte, war sie sehr erfreut.

Den Dichtermet zu bewachen war eine einsame Aufgabe, und sie vermisste Gesellschaft. Odin blieb drei Nächte bei ihr und durfte in jeder Nacht aus einem der Meteimer trinken. Als drei Nächte vergangen waren und er alle Eimer leer getrunken hatte, verwandelte er sich in einen Adler und flog mit seiner Beute im Bauch davon.

Als Suttung den metsatten Adler aus Gunnlöds Berg davonfliegen sah, nahm er ebenfalls Adlergestalt an und jagte hinter ihm her. Sobald die Asen Odin heranfliegen sahen, stellten sie Gefäße auf das Idafeld, in die Odin den Met hineinspie. Suttung holte auf und schnappte nach Odins Schwanzfedern. Dabei kam ein Teil des Mets rückwärts aus dem Adlerkörper und regnete über Midgard ab. So bekamen die Menschen einen kleinen Anteil an der Dicht- und Skaldenkunst. Aber den größten Teil des Mets behielt Odin für sich.

SLEIPNIR

Sleipnir ist Odins graues, achtbeiniges Schlachtross. Er wurde von dem Riesenhengst Svadilfari und Loki (in Stutengestalt) gezeugt und ist damit ein Halbbruder der Midgardschlange, des Fenriswolfs und Hels, der Göttin des gleichnamigen Totenreichs. Sleipnir ist ein sagenhaftes Reittier, das auf seinen acht Beinen schneller läuft als jedes andere Pferd, schneller sogar als der Wind, sowohl durch die Luft wie auch an Land. Außerdem kann es zwischen den Welten reisen und hat seinen wissenshungrigen Herrn nicht nur in die Welt der Menschen getragen, sondern auch ins Totenreich und an andere mystische Orte.

ASGARDS MAUERN

Sleipnirs Herkunft ist genauso bemerkenswert wie das Pferd selbst. Zu Beginn der Zeit, unmittelbar nach dem Krieg zwischen Asen und Wanen, lagen Asgards Mauern in Ruinen. Da tauchte ein geheimnisvoller Baumeister in Walhall auf, der sich anbot, alles in Ordnung zu bringen. Er versprach, eine so solide und mächtige Mauer um Asgard zu errichten, die allem widerstehen würde, was die Feinde der Götter sich auszudenken vermochten. Für die Arbeit veranschlagte er anderthalb Jahre.

Das hörte sich in den Ohren der Asen sehr gut an, aber der Preis, den der Baumeister für seine Arbeit verlangte, war schon sehr hoch. Er wollte Freya zur Frau, und als Beigabe die Sonne und den Mond.

Nach einer gemeinsamen Beratung der Götter stellte Loki dem Baumeister ihre Bedingung: Er sollte die Mauer im Laufe eines Winters fertigstellen. Wenn sie am ersten Sommertag noch nicht fertig wäre, würde er keinen Lohn für seine Arbeit erhalten. Der Baumeister akzeptierte die Bedingung, bestand aber darauf, dass er sich von seinem Hengst Svadilfari helfen lassen durfte, was Loki widerwillig gestattete.

Der am ersten Wintertag begonnene Bau der Mauer schritt rasant voran. Der unermüdliche Svadilfari arbeitete mit der Kraft von hundert Pferden und schleppte ganz allein riesige Felsbrocken heran, die der Baumeister dann geschickt zusammenfügte. Sie schienen keine Pausen zu brauchen, und die Mauer wuchs beunruhigend schnell.

Drei Tage vor Ablauf der Frist war sie so gut wie fertig. Die Götter waren außer sich. Sie würden ihre mächtigste Göttin verlieren, und obendrein die Sonne und den Mond. Da Loki den Vertrag ausgehandelt hatte, schoben die Götter ihm die Schuld an allem in die Schuhe und drohten ihm mit dem Tod, falls er nicht dafür sorgte, dass der Baumeister seinen Termin nicht einhalten konnte. Loki versprach hoch und heilig, die Situation zu retten.

Als der Baumeister an diesem Abend loszog, um die letzten Steine zu holen, sprang eine hübsche Stute aus dem Wald und wieherte verführerisch. Svadilfari geriet außer Rand und Band, riss sich von seinem Zaumzeug los und lief hinter der Stute her. Der Baumeister versuchte vergeblich, den liebestollen Hengst wieder einzufangen. Die beiden Pferde verschwanden zusammen in die Wälder vor den Toren Asgards.

Als Svadilfari am nächsten Tag zurückkehrte, war klar, dass die Mauer auf keinen Fall rechtzeitig fertig sein würde. In seinem unmäßigen Zorn zeigte der Baumeister sein wahres Gesicht. Er brüllte und tobte und verfluchte die Götter, die ihn niederträchtig um seinen rechtmäßigen Lohn gebracht hatten. Da rief Odin Thor zu sich, der gerade in östlichen Gefilden auf Trolljagd war. Thor kam sofort, rasend vor Wut, einen Riesen in Asgard zu sehen, und schleuderte dem Baumeister seinen Hammer Mjöllnir an den Kopf, sodass dessen Schädel in tausend Stücke zersprang. Die Mauer mussten die Götter selbst zu Ende bauen, um Asgard endlich wieder vor feindlichen Angriffen zu schützen.

Der Ausflug Svadilfaris mit dem in eine Stute verwandelten Loki in die Wälder blieb nicht ohne Folgen. Loki brachte nach einiger Zeit ein graues Fohlen mit acht Beinen zur Welt, das er Sleipnir nannte und in Odins Obhut gab. Der listige, wandelbare Loki ist also Sleipnirs Mutter.

THOR

THOR * DONNER * ASEN-FÜRST * KAMPF-THOR * DER LAUTE REITER * DER ALLEIN REITENDE * MIDGARDS BESCHÜTZER

Thor ist der Gott des Donners, der Mächtigste der Asen und ihr verlässlichster Beschützer gegen die Eisriesen. Wenn Thor auf der Suche nach Eisriesen und Trollen in seinem von zwei Respekt einflößenden Böcken gezogenen Wagen über den Himmel rast, blitzt und donnert es um ihn herum. Seine wichtigste Waffe im Kampf gegen die Feinde der Götter ist sein Zauberhammer Mjöllnir, mit dem er schon unzähligen Riesen den Schädel eingeschlagen hat. Dazu besitzt er noch den magischen Kraftgürtel Megingjörd, der seine an sich schon enorme Körperkraft noch einmal verdoppelt, und ein Paar eiserne Handschuhe, die es ihm ermöglichen, seinen Hammer Mjöllnir wieder aufzufangen, wenn der nach einem Einsatz wie ein Bumerang zu seinem Besitzer zurückkehrt.

Thor ist auch der Gott der Bauern und Knechte und bei den Menschen in Midgard der beliebteste unter den Göttern. Im Unterschied zu seinem unnahbaren und unzuverlässigen Vater ist Thor sehr volksnah. Einfach, geraderaus, lebenslustig und bisweilen aufbrausend – es ist nicht schwer, sich mit ihm zu identifizieren. Thor ist der Beschützer der Schwachen vor bösen Mächten – was meist mit einem Haufen grün und blau geschlagener oder toter Riesen endet.

Sein polterndes Lachen ist durch ganz Asgard zu hören, und sein Appetit ist legendär. Thor isst und trinkt so maßlos viel, dass nicht einmal die verfressenen Riesen mit ihm mithalten können. Dafür ist er nicht der hellste Kopf und oft auf die Hilfe gewitzterer Götter wie Loki oder Odin angewiesen, wenn sich – was glücklicherweise nur selten vorkommt – ein Problem mal nicht mit Mut, grober Gewalt oder einem kräftigen Schlag mit dem Hammer lösen lässt. Aber deswegen ist er noch lange kein Dummkopf und hat hin und wieder auch ziemlich brauchbare Ideen. So überlistete er beispielsweise den klugen Zwerg Alwis, indem er ihn in einen Dichterstreit verwickelte, den er bis zum Morgengrauen andauern ließ. Mit den ersten Sonnenstrahlen erstarrte der Zwerg zu Stein.

Thor ist hitzköpfig, aufbrausend und gerät hin und wieder in einen Zustand heiligen Zorns – Ásmegin (Asen-Kraft). Dann verdoppelt sich seine Kraft, die Haare stehen ihm vom Kopf ab, und aus seinen Augen schießen Blitze. In diesem Zustand

Schweig, arger Wicht!
Dir soll mein Wuchthammer,
Mjöllnir, den Mund schließen.
Meine Hand trifft dich
mit Hrungnirs Töter,
dass dein Gebein zerbricht.

AUS *LOKASENNA* (LOKIS ZANKREDEN)

blinder Raserei ist es ratsam für Freund wie Feind, sich tunlichst von ihm fernzuhalten.

Thor ist Odins Sohn aus einer früheren Ehe mit der Göttin Jörd (Erde). Er selbst ist mit Sif verheiratet, mit der er zusammen in Thrudheim auf dem Hof Bilskirnir lebt, der größten Halle der Schöpfung mit fünfhundertvierzig Räumen. Mit Sif zusammen hat Thor den Sohn Modi und die Tochter Thrud. Sif bringt ihren Sohn Ull mit in die Ehe und Thor zwei ältere Söhne: Magni, den er mit der Riesin Järnsaxa (Eisenmesser) gezeugt hat, und Modi, dessen Mutter unbekannt ist.

Thors größter Widersacher ist die Midgardschlange. Ihre Wege kreuzen sich oft. Ein letztes Mal werden sich die beiden Erzfeinde in der letzten Schlacht, Ragnarök, gegenüberstehen, verdammt dazu, einander zu vernichten.

Der Donnerstag hat seinen Namen vom Donnergott Thor.

THOR BEI GEIRRÖD

Eines Tages flog Loki im von Frigg »geliehenen« Falkenkleid über einen großen Hof. Der neugierige Gott konnte nicht widerstehen, durch ein Fenster ins Haus zu schauen. In der großen Halle sah er den Riesen Geirröd stehen. Geirröd entdeckte den vorwitzigen Falken und befahl seinen Männern, ihn zu fangen. Von seinem Platz auf einem hohen Dachbalken aus amüsierte Loki sich göttlich über die linkischen Versuche, ihn zu erreichen, und versäumte es völlig, rechtzeitig zu fliehen, sodass er am Ende doch gefangen wurde.

Geirröd erkannte an den Augen des Falken, dass er es mit keinem gewöhnlichen Vogel zu tun hatte, sondern mit einem zauberkundigen Mann in Falkengestalt. Er fragte sich, wer das sein könnte, und versuchte den Falken zum Reden zu bringen. Als der hartnäckig schwieg, sperrte Geirröd ihn in einen Käfig und ließ ihn dort drei Monate lang hungern. Irgendwann hielt Loki es nicht mehr aus und verriet, wer er wirklich war. Im Austausch für seine Freiheit musste Loki Geirröd versprechen, Thor ohne Hammer und Kraftgürtel in seine Halle zu bringen. Ohne seine magischen Waffen wollten Geirröd und seine Riesentöchter kurzen Prozess mit dem Donnergott machen.

Es gelang Loki, Thor davon zu überzeugen, seine Waffen daheim zu lassen, und ihn mit sich zu locken. Aber auf dem Weg zu Geirröds Burg waren sie bei der Göttin Grid zu Gast. Grid hatte ein Auge auf Thor geworfen und warnte ihn vor Geirröd – einem hinterlistigen Riesen, dem nicht zu trauen war.

Sie lieh Thor ihren eigenen Stärkegürtel, ihre Eisenhandschuhe und einen Zauberstab.

Loki und Thor setzten ihre Reise fort und kamen an einen großen Fluss. Thor legte den Stärkegürtel an und watete mit Loki auf dem Rücken ans andere Ufer. Mit dem Zauberstab stemmte er sich gegen die Strömung. In der Flussmitte stieg das Wasser plötzlich an und schäumte um Thors Schultern. Der schaute sich verdutzt nach der Ursache der plötzlichen Flutwelle um und entdeckte stromaufwärts eine

Tochter Geirröds. Sie stand breitbeinig über dem Fluss und pinkelte solche Mengen, dass sie den Fluss in eine rauschende Stromschnelle verwandelte.

Thor stemmte sich gegen die Wassermassen und hob einen großen Stein aus dem Flussbett. »Einen Fluss muss man an der Quelle stauen«, sagte er und warf den Stein mit solcher Kraft und Präzision, dass der Strom augenblicklich versiegte. An einem Eschenzweig, der über das Wasser hing, zogen sie sich ans andere Ufer.

Bei Geirröd angekommen, wurden die beiden Weitgereisten kurzerhand im Ziegenstall untergebracht. Thor ließ sich auf dem einzigen Stuhl nieder, um sich von den Mühen der Reise zu erholen. Plötzlich hob der Stuhl vom Boden ab und schoss auf die Decke zu. Ehe Thor zerquetscht wurde, konnte er Grids Zauberstab über sich halten und sich mit aller Kraft, die Grids Stärkegürtel ihm verlieh, von den Dachbalken wegdrücken. Während der Stuhl unsanft zurück auf den Boden sackte, hörte Thor unter sich Schreie und lautes Krachen. Geirröds Töchter hatten den Stuhl in die Höhe gehoben – und nun lagen sie mit gebrochenem Rückgrat darunter.

Daraufhin forderte Geirröd Thor zu Kampfspielen in seiner großen Halle heraus, die Loki nach seiner dreimonatigen Gefangenschaft nur zu gut kannte. Im Saal verteilt brannten große Feuer, und als der Donnergott eintrat, holte Geirröd mit einer riesigen Zange einen glühenden Eisenklumpen aus einem der Feuer heraus und warf ihn auf Thor. Dem Riesen verschlug es die Sprache, als er sah, wie der Gott des Donners den Eisenklumpen mit einem Eisenhandschuh auffing. Dann war Thor also offenbar nicht so wehrlos wie gedacht. Als Geirröd das klar wurde, suchte er Schutz hinter einem dicken Eisenpfeiler in der Mitte der Halle. Thor aber warf den glühenden Klumpen mit solcher Wucht zurück, dass er Pfeiler, Riese und Hallenwand durchschlug. Nachdem Thor Geirröds Tod festgestellt hatte, ließ er seinen unbändigen Zorn an den Riesen aus, die nicht Verstand genug besessen hatten, rechtzeitig aus der Halle zu fliehen.

Danach machten Loki und er sich auf den Heimweg, nicht ohne eine Rast bei Grid einzulegen und ihr ihre Leihgaben mit Dank zurückzugeben.

THORS BRAUTFAHRT

Eines Morgens entdeckte Thor, dass Mjöllnir verschwunden war. Aufgebracht rief er Loki zu sich und beauftragte ihn herauszufinden, wer den unschätzbar wertvollen Hammer gestohlen haben könnte. Loki begab sich nach Jötunheim und fand nach einigen Nachforschungen heraus, dass der Riese Trym der Dieb war. Er hatte

Mjöllnir tief in der Erde versteckt und weigerte sich, ihn wieder herzugeben – es sei denn, er bekäme die Göttin Freya zur Frau. Die Nachricht löste große Bestürzung bei den Göttern aus – immerhin war der Hammer ihre wirkungsvollste Waffe gegen die Eisriesen.

Als Thor vorsichtig anfragte, ob Freya nicht vielleicht bereit wäre, Trym zu heiraten, um Asgard zu retten, wurde sie so zornig, dass ihre magische Halskette Brisingamen zerriss, und sie stampfte mit dem Fuß auf, dass ganz Walhall in seinen Grundfesten bebte. Dann dachte sich Heimdall einen listigen Plan aus, wie sie Mjöllnir wiedererlangen konnten, ohne Freyas Ehre aufs Spiel zu setzen. Thor sollte sich als die Göttin ausgeben und an ihrer Stelle nach Jötunheim fahren, begleitet von Loki als Brautjungfer verkleidet.

Zuerst weigerte sich Thor, weil er es als höchst unmännlich ansah, in Frauenkleidern herumzulaufen. Loki hatte diese Bedenken nicht, er fühlte sich in Frauenkleidern ebenso wohl wie in Männerkleidern. Am Ende gab Thor nach – der Hammer wog schwerer als sein männlicher Stolz. Gehüllt in Schleier und die prachtvollsten Kleider, die Asgard aufzubieten hatte, machten sich die beiden im Wagen des Donnergottes auf den Weg zu Tryms Burg. Blitze und Donner begleiteten sie, denn Thor war ziemlich schlecht gelaunt.

Der als Freya verkleidete Thor und seine Brautjungfer wurden freundlich von Trym empfangen. Als Willkommen für die Braut wurde ein prachtvolles Fest veranstaltet, und sie wurde auf dem Thron neben dem Bräutigam platziert. Beim Essen hätte Thor sich um ein Haar verraten, weil er einen ganzen Ochsen und acht Lachse verschlang. Die Riesen wunderten sich über Freyas gesunden Appetit, worauf Loki rasch erklärte, dass die Braut sich so auf die Hochzeit gefreut hatte, dass sie acht Tage lang keinen Bissen essen konnte.

Als Trym später die Braut küssen wollte, erschrak er über ihre roten, funkelnden Augen hinter dem Schleier. Loki gab zu bedenken, dass die Augen der liebeskranken Braut möglicherweise ein wenig gerötet wären, weil sie auch acht Nächte nicht hatte schlafen können. Schließlich war es Zeit für die Trauung, und der heilige Hammer wurde aus seinem Versteck geholt, um das Brautpaar zu weihen. Als Mjöllnir hereingetragen wurde, riss Thor sich den Schleier vom Kopf, packte den Hammer und lockerte den Griff erst wieder, als sämtliche Gäste, einschließlich Trym, tot am Boden lagen. Thor und Loki kehrten siegreich nach Asgard zurück, aber Thor untersagte allen, die Geschichte jemals wieder zu erwähnen.

TYR

TIR * TIEWA * TI * TIEWAZ * ZIU

Tyr zählt zu den mächtigsten Göttern in Asgard und ist der Mutigste von allen. Wie Odin ist er ein Kriegsgott, aber während der Göttervater sich als berechnender Stratege lieber vom Schlachtfeld fernhält, gefällt es Tyr mitten in der Schlacht am besten. Er feuert den Mut der Kämpfer an, damit sie die Schrecken des Krieges ertragen und ihre Feinde besiegen.

Tyr ist äußerst stark und einer der wenigen Asen, die an Thors sagenhafte Körperkraft heranreichen. Und das, obwohl ihm der Fenriswolf eine Hand abgebissen hat.

Tyr ist auch der Gott der Gerechtigkeit und wird nicht nur bei hitzigen Auseinandersetzungen angerufen, sondern wo immer Recht gesprochen wird – bei der Thingversammlung, bei Verwaltungsaufgaben und wenn Eide geschworen werden. Da er als die Verkörperung der Gerechtigkeit angesehen wird, darf er als einziger Ase bei den Thingversammlungen der Götter ein Schwert tragen.

Obgleich Tyrs Vater der Riese Hymer ist, gilt Tyr als einer der bedeutendsten Kämpfer der Asen. Seine Mutter könnte die Göttin Frigg sein, aber das liegt im Dunkeln. Sein ursprünglicher Name war wohl Tiwaz, was auf das alte indoeuropäische Wort *Dieus* zurückgeht und »Gott« bedeutet. *Tyr* wird auch häufig als allgemeine Bezeichnung für Gott verwendet: Hangatýr (der hängende Gott) ist beispielsweise einer von Odins vielen Beinamen. Es gibt Theorien, dass Tyr ursprüngliche die oberste Gottheit war und Odin nach und nach dessen Rolle übernommen hat.

Tirsdag (schwedisch für Dienstag) ist nach Tyr benannt.

In früheren Zeiten ritzten Krieger häufig die T-Rune, Tyrs Symbol, in ihre Waffen, weil das Glück im Kampf bescheren sollte.

TYR UND DER FENRISWOLF

Der Fenriswolf war einer von Lokis bestialischen Abkömmlingen mit der Riesin Angerboda. Als Odin von Lokis Nachkommen erfuhr, schickte er die Götter aus, um sie zu ihm nach Asgard zu bringen. Die Midgardschlange wurde ins Meer verbannt und Hel in die Unterwelt, aber den Wolf behielten die Götter in Asgard, um ihn besser im Auge zu haben.

Anfangs war er ein kläffender kleiner Welpe, der keinen größeren Schaden anrichtete, als die Schuhe der Götter anzunagen und auf Walhalls Boden zu pinkeln. Aber er wuchs mit jedem Tag und wurde kräftiger und bedrohlicher. Am Ende war er so riesig, dass nur noch Tyr wagte, ihn zu füttern.

Aus Angst, irgendwann von ihm verschlungen zu werden, beschlossen die Götter, dem Wolf Fesseln anzulegen, unter dem Vorwand, seine Kraft auf die Probe zu stellen. Der Fenriswolf zerriss die schweren, mit Zauberkraft geschmiedeten Ketten mühelos. Da schickte der Göttervater einen Boten zu den Zwergen in Svartalfheim, die eine magische, fast unsichtbare dünne Fessel aus fünf außergewöhnlichen Dingen schmiedeten: dem Schall des Katzentritts, dem Bart der Frauen, den Wurzeln der Berge, dem Atem der Fische und dem Speichel der Vögel. Die Zwerge nannten den unvorstellbar dünnen Zauberfaden Gleipnir und versprachen, dass keine Kraft der Welt ihn zerreißen könnte.

Als die Götter den Wolf aufforderten, seine Kraft an Gleipnir zu erproben, schöpfte er Verdacht, dass die Götter mit der harmlos anmutenden Fessel etwas im Schilde führten. Er wollte sich nicht fesseln lassen. Die Asen bestanden darauf und meinten, wenn es ihm nicht gelänge, sich von diesem dünnen Faden zu befreien, müssten sie sich wohl kaum vor ihm fürchten. Und dann bestünde auch keine Notwendigkeit mehr, ihn weiter gefangen zu halten. Zögernd ließ Fenris sich auf die Probe ein, allerdings unter der Bedingung, dass einer der Asen ihm als Sicherheit eine Hand ins Maul legte. Tyr brachte als Einziger den Mut auf und schob seinen rechten Unterarm zwischen die riesigen Kiefer des Wolfes. Je wütender Fenris an Gleipnir zerrte, desto fester zurrte der Zauberfaden sich um ihn zusammen. Als die Götter sahen, dass der Wolf endgültig gefangen war, lachten sie erleichtert.

Alle bis auf Tyr, dem Fenris die rechte Hand abbiss.

FREYA

FRÖJA * GÖNDUL * HÖRN * SYR * VANADIS

Freya ist die mächtigste der Asinnen und Freys verführerische Schwester. Die Herrscherin über Leben, Tod und Magie ist in vielerlei Hinsicht eine widersprüchliche Göttin. Sie ist einerseits die Göttin der Fruchtbarkeit, der Liebe und des Glücks, anderseits aber auch Kriegs- und Todesgöttin.

Sie ist bewandert in den magischen Künsten und die oberste Völva unter den Göttern. Eine Völva oder Wala ist eine Frau, die sich in eine Art Trance (auch Sejd genannt) versetzen und mit Geistern sprechen und in die Zukunft sehen kann. Freya hat Odin in die Geheimnisse der Weissagung eingeweiht.

Freya besitzt einen von drei Katzen gezogenen Wagen, ein Federkleid, mit dessen Hilfe sie sich in einen Falken verwandeln kann, sowie den magischen Halsschmuck Brisingamen, der sie unwiderstehlich für Männer wie Frauen macht. Im Kampf reitet sie wie ihr Bruder Frey auf einem stattlichen Eber namens Hildisvini (Kampfschwein).

Von allen auf dem Schlachtfeld gefallenen Helden steht eine Hälfte Odin zu, die andere Hälfte Freya. Diese Kämpfer werden nach ihrem Tod in Freyas Reich Folkwang in ihrer riesigen Halle Sessrumnir aufgenommen, wo sie sich ähnlichen Kampfspielen wie Odins Einherjer widmen. Zu Freya kommen auch hochrangige und mutige Frauen.

Freya nimmt die jungen Kämpfer unter ihre Fittiche, ist deren Beschützerin und unterstützt sie in ihrem Streben, heldenhafte Taten zu begehen.

Freya ist mit einem Mann namens Odur verheiratet. Dieser Odur aber verschwand, und die Göttin sehnte sich schmerzlich nach ihm. Ihre Tränen verwandelten sich in Tropfen reinsten Goldes. Sie begab sich oft verkleidet in die Welt hinaus und suchte nach ihrem Mann. Ihre Liebe zu Odur hindert sie nicht daran, sich immer wieder andere Liebhaber zu nehmen, und sie kennt keine Skrupel, ihre Reize auszuspielen, um ihr Ziel zu erreichen. Dabei wählt Freya ihre Partner unabhängig und selbstbewusst aus. Als Thor von ihr verlangte, den Riesen Trym zu heiraten, um auf diese Weise seinen Hammer Mjöllnir zurückzubekommen, geriet sie so außer sich, dass ganz Asgard erzitterte. Sie schläft in einem magisch verwunschenen Schlafgemach in Sessrumnir, das niemand gegen ihren Willen betreten darf.

BRISINGAMEN

Wie Odin war Freya manchmal gierig, heimtückisch und unzuverlässig, und die Geschichte vom Brisinga-Schmuck samt den daraus entstehenden Folgen ist ein gutes Beispiel dafür.

Auf einer ihrer Reisen beobachtete Freya in einer Schmiede in Svartalfheim die vier Zwerge Alfrigg, Dvalin, Berlingr und Grerr dabei, wie sie einen unglaublich kunstvollen Goldschmuck schmiedeten, den sie Brisingamen nannten. Die Göttin war völlig verzaubert von dem Halsband und bot den Zwergen Gold und Silber und andere Kostbarkeiten dafür.

Aber die Zwerge waren an ihren Schätzen nicht interessiert – sie besaßen selbst genügend Gold und Edelsteine. Aber umso mehr waren sie an Freya interessiert. Darum boten sie ihr ihm Gegenzug an, ihr ihren jeweiligen Anteil am Halsband zu überlassen, wenn sie mit jedem von ihnen eine Nacht verbrachte. Auf diesen Handel ließ Freya sich nach kurzem Zögern ein. Vier Tage darauf kehrte sie mit ihrem Schatz unter dem Umhang nach Asgard zurück und tat so, als wäre nichts gewesen.

Odin erfuhr trotzdem von dem Handel und wurde sehr zornig – wahrscheinlich, weil er selbst die schöne Freya begehrte. Er beauftragte den listigen Loki, den Schmuck zu stehlen. Loki verwandelte sich in eine Laus und gelangte in dieser Gestalt in Freyas verschlossenes Schlafgemach.

Als Freya am nächsten Tag aufwachte und feststellte, dass der geliebte Schmuck fort war, wusste sie augenblicklich, wer dahintersteckte. Wutentbrannt marschierte sie zum Göttervater und verlangte Brisingamen von ihm zurück. Odin warf Freya den unwürdigen Tauschhandel vor, mit dem sie sich die Kostbarkeit angeeignet hatte. Als Strafe sollte sie fortan nicht mehr nur für die Leidenschaft, sondern auch für Krieg und Leid in der Welt verantwortlich sein. Um Brisingamen zurück in ihren Besitz zu bringen, stellte er ihr die Bedingung, einen ewig währenden Krieg zwischen zwei mächtigen Königen anzuzetteln. Freya ließ sich auf den Handel ein und begab sich verkleidet nach Midgard …

DER EWIGE ZWIST

Während einer Jagd verlor der mächtige König Hedin seine Männer und fand sich allein auf einer verzauberten Waldlichtung wieder. In der Mitte der Lichtung saß eine wunderschöne Frau, die sich ihm als Göndul vorstellte, aber in Wirklichkeit die verkleidete Freya war. Die geheimnisvolle Frau wollte von König Hedin wissen, wer er war und welche Heldentaten er vollbracht hatte. Nachdem er ausführlich darüber berichtet hatte, ließ Göndul den König wissen, dass, wie beeindruckend seine Taten auch sein mochten, der dänische König Högni ein noch tapfererer Krieger sei als er.

Das nagte an Hedin. Natürlich wollte er wissen, wer von ihnen tatsächlich der Mächtigere war, und forderte Högni darum zum Zweikampf heraus. Nach einem Kräftemessen, das Stunden dauerte, in denen keiner von ihnen die Oberhand gewann, sahen die beiden Könige ein, dass sie beide gleich stark waren und einander niemals besiegen konnten. Sie schlossen Frieden und Blutsbrüderschaft, und Högni versprach Hedin seine Tochter, um ihren Pakt zu besiegeln.

Diese Freundschaft lief Freyas Plänen ganz und gar zuwider, weshalb sie wieder Glönduls Gestalt annahm und Hedin auf die Waldlichtung lockte. Dort verabreichte sie ihm einen magischen Trank, der seine Sinne trübte. Verhext vergaß Hedin sein Friedensversprechen, und Freya konnte ihn überreden, Högni zu entmachten. Während Högni sich auf einer Reise befand, tötete Hedin die Königin und entführte deren Tochter. Högni schwor, Hedins Verrat zu rächen, und sammelte eine Armee um sich, fest entschlossen, seinen Blutsbruder zu vernichten.

Die beiden Könige trafen sich auf einer in Nebel gehüllten Insel, und ihre Armeen gingen aufeinander los. Aber da sie nach wie vor gleich stark waren, trug keiner von ihnen den Sieg davon. Nachts begab sich Freya außerdem zu den gefallenen Kriegern und erweckte sie wieder zum Leben. So ging der Krieg bis in alle Ewigkeit weiter. Und Freya hatte die Bedingung erfüllt und bekam Brisingamen zurück.

Der Walstatt Hälfte
wählt sie täglich,
Odin hat die andre Hälfte.

AUS GRIMNISMAL
(DAS LIED VON GRIMNIR)

FREY

FRÖ * FREY * ING * GOTT DER WELTEN

WILDSCHWEINKRIEGER
BRONZEPLATTE AUS DEM HELM VON VENDEL

Frey ist der höchste Wanengott und neben Thor der beliebteste Gott bei den Bewohnern Midgards. Das ist wenig verwunderlich, da er in seiner Eigenschaft als Gott der Pflanzenwelt, des Wachstums und der Ernte den größten Einfluss auf den Alltag der Menschen ausübt. Er wird häufig »Gott der Welten« genannt, und der Name Frey bedeutet »Herrscher« oder »Herr«. Er herrscht über den Regen, die Sonne, das goldene Korn und die Fruchtbarkeit. Dazu noch über Reichtum und Frieden.

Frey besitzt viele wundersame Gegenstände. Unter anderem das Schiff Skidbladnir, das sowohl zu Wasser wie auch zu Land fahren kann und sich klein wie ein Tuch zusammenfalten lässt, wenn es nicht gebraucht wird. Er reitet auf dem strahlenden Eber Gyllenborsti in die Schlacht und kämpft mit einem unvergleichlichen Schwert, das aus eigener Kraft schwingt, sobald er es aus der Scheide zieht. Frey lebt mit den Lichtalben zusammen in Alfheim – mystische Wesen, die an Zwerge erinnern, aber im Unterschied zu den hässlichen Zwergen schön und gutherzig sind.

Frey wird das Schwein zugeordnet. Am letzten Tag des Jahres wurde Frey zu Ehren oft ein Eber hereingeholt. Die hochrangigsten Krieger schworen einen Eid bei den Borsten des Schweins über die Heldentaten, die sie im kommenden Jahr vollbringen wollten.

FREY AUF FREIERSFÜSSEN

Eines Tages, als Frey auf Odins Hochsitz in Hlidskialf saß, von wo aus man alle Welten überblicken konnte, sah er auf einem Hof im Land der Riesen eine umwerfend schöne Frau. Ihre Arme strahlten so weiß, dass sie das Meer und den Himmel erleuchteten (bleiche Arme galten allgemein als unerhört attraktiv). Der Fruchtbarkeitsgott wurde von solcher Leidenschaft gepackt, dass er weder essen noch schlafen konnte.

Der Grund für seine schlaflosen Nächte war die Tochter des Riesen Gymir mit Namen Gerda. Freys größtes Problem war, dass die Asen und Wanen schwerlich eine eheliche Verbindung zwischen einem Gott und einer Riesin dulden würden. Aber irgendwann hielt er es nicht länger aus und schickte seinen Knecht und Getreuen Skirnir an den Hof Gymirs, um in seinem Namen um Gerda zu werben. Gerda sollte Freys Frau werden, koste es, was es wolle. Dafür gab er Skirnir das Pferd Blodighove und sein magisches Schwert mit auf die Reise als Geschenke für die angehende Braut. Skirnir erreichte nach anstrengender und gefahrvoller Reise Gymirs Hof in Jötunheim, und dort traf er Gerda.

Er stellte der Riesin unerhörte Reichtümer und das magische Schwert in Aussicht, wenn sie Freys Frau würde, aber Gerda lehnte das Angebot dankend ab – an Reichtümern mangelte es ihr nicht. Darauf wechselte der Knecht die Taktik und drohte ihr mit Gewalt, aber Gerda ließ sich auch davon nicht beeindrucken.

Erst als Skirnir seine magischen Kräfte offenbarte und ihr drohte, sie mit einem Fluch zu belegen, der sie unglaublich hässlich machen würde, gab die Riesin widerwillig nach. Nach neun Nächten traf sie sich mit Frey in einem geweihten Hain, und sie heirateten. Die Ehe entwickelte sich, obgleich unter Drohungen und Zwang geschlossen, glücklich, und das Paar bekam einen Sohn, den sie Fjölnir nannten. Das magische Schwert blieb in Jötunheim, zum großen Unglück der Götter. Ohne seine mächtigste Waffe hatte Frey in der letzten Schlacht keine Chance gegen den Feuerriesen Surt.

FRIGG

FRIGGA * BERTHA

Frigg ist die angesehenste der Asinnen, Odins Ehefrau und Königin der Götter. Sie ist Schicksalsgöttin, Göttin der Mutterschaft, Liebe und Ehe. Es heißt, dass sie in die Zukunft sehen kann und die Schicksale aller Menschen und Götter kennt, aber niemals darüber redet, was sie gesehen hat.

Ihr Wohnsitz heißt Fensal (Sumpfsaal). Dort sitzt sie an ihrem Spinnrad und webt Wolken. Als Königin der Götter hat sie als eine der wenigen Auserwählten das Recht, auf Odins Hochsitz Hlidskialf zu sitzen. Mit Odin zusammen hat sie die Söhne Balder und Hödur. Frigg ist eine beschützende Mutter und liebt ihren Sohn Balder über alles.

Der Freitag ist nach ihr benannt.

Wie Freya ist auch Frigg zauberkundig und besitzt wie sie ein Falkengewand. Es ist nicht immer einfach, die beiden Göttinnen auseinanderzuhalten, da sich ihre Rollen als Liebesgöttinnen überschneiden. Friggs Zuständigkeitsbereiche sind allerdings mehr die Romantik und die Ehe, während Freya sich um die sinnlicheren Bereiche der Liebe kümmert.

Wie ihr untreuer Gatte Odin ist Frigg außerehelichen Beziehungen nicht abgeneigt. Sie hat sowohl Götter als auch Menschen und Riesen als Liebhaber gehabt, darunter auch die Brüder ihres Ehemannes. Gleich nach der Schöpfung der Welt hatte Odin sich aus Asgard verabschiedet, weil seine Neugier ihn auf Reisen in die neun Welten lockte.

In der Zeit überließ er die Regierungsgeschäfte seinen Brüdern Wile und We, und Frigg ging mit beiden eine Beziehung ein. Sie kehrte allerdings zu Odin zurück, als der schließlich wieder auftauchte.

Wenig später verschwanden Wile und We auf rätselhafte Weise.

Weder Odin noch Frigg werden als sonderlich eifersüchtig dargestellt, sondern nehmen die Ausschweifungen des Partners mit Gleichmut hin. Dafür geraten sie oft über andere Dinge in Streit. Mehrfach standen sie in Auseinandersetzungen zwischen Kriegern und Königreichen auf unterschiedlichen Seiten. Sie wetteifern oft darum, wer von ihnen besser ist, und greifen dann hinterlistig in die Geschicke ein, damit ihr Kandidat als Sieger aus dem Spiel hervorgeht. Menschen, auch die Helden, sind letztendlich nichts anderes als die Spielfiguren der Götter.

FRIGGS FALLE

Eines Tages saßen Odin und Frigg auf Hlidskialf beisammen und begannen, über ihre Ziehsöhne Agnar und Geirröd (nicht zu verwechseln mit dem Riesen gleichen Namens) zu streiten, die um die Herrschaft über dasselbe Reich kämpften. Dank Odins Hilfe war Geirröd der König des Landes, während Agnar sich mit einer Riesin in einer Höhle verschanzt hatte.

Odin prahlte aufgeblasen damit, dass sein Ziehsohn König war, während Friggs Günstling sich duckmäuserisch versteckte und obendrein noch dazu herabließ, mit einer Riesin das Bett zu teilen. Frigg wies ihren Mann darauf hin, dass Geirröd zwar König sei, aber weithin für seinen Geiz und seine Unfreundlichkeit Gästen gegenüber bekannt. Es ging das Gerücht, Geirröd würde seine Gäste erschlagen, wenn es zu viele wurden. Odin glaubte kein Wort von dem, was seine Frau sagte, und sie kamen überein, dass Odin verkleidet zu seinem Ziehsohn fahren sollte, um zu überprüfen, ob stimmte, was Frigg behauptete.

Um ihrem Gatten eine ordentliche Lektion zu erteilen, schickte Frigg die Göttin Fulla voraus, um den König zu warnen. Fulla kündete Geirröd den Besuch eines böswilligen Zauberers an, den er an seinem blauen Umhang und daran erkennen könne, dass kein Wachhund ihn anbellen würde.

Odin stellte sich Geirröd als Grimnir vor und trug wie angekündigt einen blauen Umhang. Geirröd nahm ihn auf der Stelle gefangen und legte ihn zwischen zwei Feuerstellen in Ketten. Dort musste er acht Tage Qualen leiden, bis Geirröd ihm Met zu trinken gab.

Der König nahm Grimnir ins Kreuzverhör und stellte fest, dass der Gefangene über alles Wissen zwischen Himmel und Erde zu verfügen schien. Der geheimnisvolle Zauberer wusste über die Zukunft Bescheid, über die Vergangenheit und die Entstehung der Welten.

Geirröd merkte bald, dass er nicht irgendwen gefangen hatte, aber erst, als Odin seine Beinamen aufzuzählen begann, begriff er, mit wem er es zu tun hatte. Sobald Geirröd klar wurde, dass er den Göttervater gefoltert hatte, beeilte er sich, den Gefangenen zu befreien. Dabei stolperte er und wurde von seinem eigenen aus der Scheide gerutschten Schwert durchbohrt. Odin, der seine Rache bekommen hatte, verschwand spurlos.

Und der Göttervater lernte daraus, seine Frau nicht unnötig zu verärgern.

HEIMDALL

RIG * GULLINTANNI (GOLDZAHN)

Geboren ward einer
am Anfang der Tage,
ein Wunder der Stärke,
göttlichen Stamms.
Neune gebaren ihn,
der Frieden verliehn hat,
der Riesentöchter am Erdenrand.

AUS DEM HYNDLALIED

Heimdall ist der stille Wächter der Götter. Wie ein unverrückbarer Fels steht er tagaus, tagein, jahraus und jahrein auf seinem Posten an der Brücke Bifröst. Die Brücke ist der einzige Weg, der nach Asgard führt, und Heimdall macht kurzen Prozess mit jedem, der versucht, sich uneingeladen Zutritt zu verschaffen.

Die Götter hätten keinen besseren Aufpasser finden können, weil Heimdall weniger Schlaf braucht als ein Vogel, nachts genauso gut sehen kann wie tags und so feine Ohren hat, dass er das Gras wachsen hört. Wenn er mit seinen scharfen Sinnen eine ernsthafte Bedrohung wahrnimmt, warnt er die Götter mit seinem Gjallarhorn, einem gewaltigen Blasinstrument, dessen Klang über die gesamte Schöpfung hinweg zu hören ist. Beim Ausbruch von Ragnarök wird das Horn ein letztes Mal ertönen, um die Asen in die Schlacht zu rufen.

Heimdall ist groß und stattlich, seine Zähne sind aus Gold, und sein Reitpferd heißt Gulltopp (Goldzopf). Er wird »Der hellste Ase« genannt und lebt in der Himinbjörg (Himmelsburg) am Kopf der Bifröstbrücke. Die Geschichte seiner Geburt ist etwas verwirrend, weil es heißt, er sei der Sohn von neun Schwestern – die allesamt Jungfrauen waren.

Heimdall hasst Loki und ist der Einzige der Götter, der von Anfang an dessen verlogenes und intrigantes Wesen erkannt hat. Sie geraten oft in Streit, der nicht selten in einem Handgemenge endet.

Nachdem Loki einmal Freyas Halsschmuck Brisingamen gestohlen hatte, verwandelten die beiden sich in Seehunde und kämpften gegeneinander. (Wieso sie sich ausgerechnet in Seehunde verwandelt haben, weiß man nicht so genau, da es von dieser Geschichte nur noch Fragmente gibt.)

In der letzten Schlacht werden die beiden Erzfeinde sich im Zweikampf gegenüberstehen. Sie töten sich gegenseitig und fallen als letzte Krieger.

RIGS WANDERUNGEN

Zum Anbeginn der Zeit wanderte Heimdall unter dem Namen Rig durch die Welt.

Er kam zu einer Hütte, in der die verarmten Bettler Ae und Edda lebten. Sie luden ihn zu trocken Brot und Wassersuppe ein, das beste Essen, was sie anzubieten hatten, und Rig unterhielt sich mit ihnen und gab ihnen Ratschläge. Abends legte er sich zum Schlafen zwischen die beiden Eheleute. Drei Tage und Nächte blieb er bei ihnen. Neun Monate später brachte Edda einen Sohn zur Welt, den sie Träl (Knecht) nannten. Er war hässlich und krumm, aber kräftig und für körperliche Arbeit wie geschaffen. Träl wurde der Stammvater der Knechte und Mägde, deren Los es war, anderen gesellschaftlichen Klassen zu dienen.

Als Nächstes kam Rig zu einem anderen Paar, Afe und Amma, die auf einem Hof lebten. Ein Feuer brannte in der Mitte des Raums, wo die Eheleute saßen und arbeiteten. Der Mann fertigte Schnitzarbeiten, und die Frau spann Leinen. Das Essen, zu dem sie Rig einluden, war etwas besser. Die Übernachtungsprozedur wiederholte sich, und neun Monate später bekam Amma einen Sohn, dem sie den Namen Karl gab. Er war gesund und handwerklich geschickt und wurde der Stammvater der freien Bauern.

Schließlich kam Rig zu einer prächtigen Burg, in der die Eheleute Vater und Mutter lebten. Der Hausherr fertigte gerade einen Bogen, und die Hausherrin plättete und stärkte Kleider. Rig bekam butterzarten Kuchen, fetten Speck und gebratene Spatzen serviert. Auf dem Tisch standen Weinkannen, und getrunken wurde aus goldenen Bechern. Nach dem Mahl schlief er zwischen Mutter und Vater, und neun Monate darauf bekamen sie einen Sohn. Sie nannten ihn Jarl (Earl, Fürst), und er war sehr gut im Bogenschießen, Fechten, den Leibesübungen und der Jagd. Als der Sohn erwachsen war, kehrte Rig zurück und lehrte ihn das Geheimnis der Runen, die Kriegskunst und wie man andere regiert. Von Jarl stammen die Häuptlinge und Krieger ab.

Heimdall ist also der Stammvater der drei sozialen Stände: Knechte, Bauern und Krieger. Alle Menschen – hohe wie geringe – stammen von ihm ab. Somit ist Heimdall nicht nur der Wächter der Götter, sondern auch der Vorfahre der Menschen.

LOKI

LOKE * DER LISTENREICHE * VATER DER LÜGEN * GOTT DER ZWIETRACHT

Loki wird zu den Asen gezählt, obwohl er ursprünglich ein Riese gewesen ist. Er ist der Sohn des Reifriesen Farbauti und der Riesin Laufey. Loki ist eine komplexe und widersprüchliche Gestalt: launisch, respektlos und, wie sich zeigt, völlig unzuverlässig. Er sieht gut aus, ist ein heller Kopf und hat immer eine schlagfertige Entgegnung auf der Zunge. Für diese Eigenschaften ist er bei den Asen beliebt.

Aber Lokis wilde Eskapaden bringen die Asen ständig in Bedrängnis, auch wenn es ihm dank seiner Gerissenheit immer wieder gelingt, sich selbst und den Göttern aus der Klemme zu helfen. Er spielt seine Rolle als Spaßmacher und Unterhalter der Götter so gut, dass sie ihm nie dauerhaft böse sind – obgleich seine Narrenstreiche mit der Zeit immer bösartiger werden.

Loki drängt sich immer in den Mittelpunkt des Geschehens, und er erlebt viele Abenteuer zusammen mit Thor, Odin oder den anderen Göttern. Darum kommt er mehr oder weniger in allen Geschichten vor.

Loki kann so ziemlich jede Gestalt annehmen und besitzt ein Paar geflügelte Schuhe, mit denen er sich übers Wasser und durch die Luft bewegen kann. Er ist mit Sigyn verheiratet, mit der er die Söhne Narvi und Vali hat. Daneben hat er noch die drei bestialischen Abkömmlinge Hel, Fenris und Jörmundgand (Midgardschlange) mit seiner Geliebten, der Riesin Angerboda, gezeugt. Er ist notorisch untreu und prahlt damit, mit den meisten Frauen in Asgard das Bett geteilt zu haben. Darüber hinaus ist er, so seltsam das auch klingen mag, die Mutter von Odins Pferd Sleipnir.

Nachdem Loki sich mit Odin angefreundet hatte, lud der ihn ein, in Asgard zu leben. Sie waren sich so nah, dass sie Blutsbrüder wurden. Blutsbrüderschaft galt als die stärkere Verbindung als das Band zwischen leiblichen Brüdern.

Odins Motiv, diese Schlange in sein Heim einzuladen, ist unergründlich – vielleicht faszinierte ihn Lokis ungezügeltes, anarchisches Wesen. Oder er wollte den Riesen aus strategischen Gründen in seiner Nähe haben, weil Loki in allen neun Welten gute Kontakte hatte und sich ungehindert zwischen Riesen und Zwergen bewegen konnte. Möglicherweise erkannte Odin in Loki auch eigene Charaktereigenschaften wieder. Der Göttervater hat ein, gelinde gesagt, dehnbares Gewissen und zeigt sich immer wieder als treuloser Verräter, als ausschweifend und rücksichtslos.

Mit der Zeit wird Loki in seinem Handeln immer stärker von seiner dunklen Seite bestimmt. Das reicht von relativ harmlosen Streichen bis zu regelrechten Gräueltaten, die ihren tragischen Höhepunkt erreichen, als Loki den blinden Hödur dazu bringt, mit einem Mistelpfeil auf seinen Bruder Balder zu schießen. Nach dieser Tat wird Loki zuerst von den Göttern verbannt und später gefangen und in der Unterwelt angekettet. Dort bleibt er bis zu Ragnarök, der letzten Schlacht, und erst dann wird er sein wahres Gesicht als Heerführer des Bösen zeigen.

Kein anderer hat den Göttern so viel Schaden zugefügt wie Loki, andererseits kommen seine Unternehmungen den Göttern häufig auch zugute. So ist es zum Beispiel Loki zu verdanken, dass die mächtige Mauer um Asgard kostenlos wieder aufgebaut wird, und ohne ihn hätte Odin sein Pferd Sleipnir nie bekommen. Die Geschichte von Sifs abgeschnittenem Haar spiegelt wohl am besten Lokis Doppelrolle als Helfer und Feind wider. Sie beginnt mit einem von Lokis dreisten Streichen und endet mit dem Erwerb der mächtigsten Waffe der Götter.

DIE SCHÄTZE DER GÖTTER

Eines Morgens erwachte Thors Ehefrau Sif und stellte fest, dass ihr wallendes, goldenes Haar abgeschnitten worden war. Wie sich schnell zeigte, war Loki der Übeltäter. (Wie er in Sifs Schlafgemach gelangt war, soll an dieser Stelle einmal offenbleiben.) Thor bekam den Missetäter schnell zu fassen, und aus Angst, dass der rasende Donnergott ihm jeden Knochen im Leib brechen würde, schwor Loki, von den Zwergen neues goldenes Haar für Sif anfertigen zu lassen.

Loki begab sich auf schnellstem Weg nach Svartalfheim, wo Ivaldis Söhne, geschickte Zwerge, ihre Schmiede hatten. Sie schmiedeten das neue Goldhaar für Sif. Von diesem Besuch bei den Zwergen brachte Loki auch noch den Speer Gungnir und das Schiff Skidbladnir mit.

Er hätte mit den Schätzen direkt zurück nach Asgard fahren können. Aber Loki war nun einmal Loki, und so wettete er mit zwei anderen Zwergschmieden, Brokkr und Eitri, dass sie nicht in der Lage wären, drei so magische Dinge wie das Goldhaar, den Speer und das Schiff anfertigen zu können. Überzeugt, dass sie es nicht schaffen würden, setzte er seinen eigenen Kopf als Pfand ein. Die Zwerge begannen mit ihrer Arbeit, Eitri schmiedete, und Brokkr bediente den großen Blasebalg.

Loki, der sichergehen wollte, dass sie scheiterten, verwandelte sich in eine Pferdebremse und biss Brokkr unablässig. Trotz des Schmerzes betätigte Brokkr weiter den Blasebalg. Bald hatten die Brüder einen Eber aus reinem Gold geschmiedet. Trotz der immer lästiger werdenden Bremsenbisse vollendeten die Zwerge auch ihre zweite Arbeit, einen glänzenden Goldring.

Beim Schmieden des dritten Gegenstandes ermahnte Eitri Brokkr, nur keine Sekunde den Blasebalg zu vernachlässigen, weil sonst alle Arbeit umsonst wäre. Loki sah seine Chance und biss Brokkr so heftig in die Stirn, dass ihm das Blut in die Augen lief.

Brokkr ließ den Blasebalg eine Sekunde los, um das lästige Insekt zu verscheuchen. Zum Glück war die Arbeit so weit fortgeschritten, dass sie nicht vergebens war. Eitri zog einen gewaltigen Hammer aus der Esse, dessen Schaft wegen der Unterbrechung ein wenig kürzer ausgefallen war als vorgesehen, und legte ihn zu den anderen Schätzen.

Loki und Brokkr begaben sich gemeinsam nach Asgard, um die Götter entscheiden zu lassen, wer die Wette gewonnen hatte. Zuerst präsentierte Loki seine Gaben. Odin bekam den Speer Gungnir, der niemals sein Ziel verfehlte. Thor bekam das Goldhaar für seine Frau Sif, das festwuchs, sobald sie es auf den Kopf setzte. Und Frey schließlich bekam das Schiff Skidbladnir, das immer günstigen Fahrtwind hatte und sich nach Gebrauch so klein zusammenfalten ließ, dass man es in die Tasche stecken konnte.

Danach präsentierte Brokkr seine Gaben. Frey bekam den fantastischen Eber Gyllenborsti, der schneller als jedes Pferd war. Odin bekam den Ring Draupnir, von dem in jeder neunten Nacht neun neue Goldringe tropften. Thor bekam den Hammer Mjöllnir, eine unerhört mächtige Waffe, die niemals ihr Ziel verfehlte und immer in die Hand des Werfers zurückkehrte. Praktischerweise konnte er so klein schrumpfen, dass Thor ihn unter seinem Hemd tragen konnte.

Die Götter stimmten ab, dass Mjöllnir das beste Geschenk war. In Thors Händen wurde der Hammer ihre mächtigste Waffe gegen die Riesen, trotz des etwas zu kurz geratenen Schaftes.

Als Loki erkannte, dass er die Wette verloren hatte, versuchte er in seinen Flügelschuhen zu fliehen. Aber Thor fing ihn ein und übergab ihn den Zwergen. Als die Brüder ihm mit einer rasierklingenscharfen Axt den Kopf abhacken wollten, behauptete Loki listig, dass sein Kopf nach gewonnener Wette zwar ihnen gehörte, nicht aber sein Hals. Darauf begnügten sich die Zwerge damit, Loki die Lippen zusammenzunähen, um sich seine Lügen nicht länger anhören zu müssen.

MIMIR

HODDMIMIR * HODDRAUPNIR

Ich weiß, Odin,
wo dein Auge du bargst:
in Mimirs Quell,
dem märchenreichen.

AUS *VÖLUSPA* (WEISSAGUNG DER SEHERIN)

In Jötunheim, unter einer von Yggdrasils riesigen Wurzeln, liegt die Quelle der Weisheit, die seit dem Anbeginn der Zeit von einem uralten Riesen namens Mimir bewacht wird. Er ist der Bruder von Bors Ehefrau Bestla und damit Odins Onkel mütterlicherseits. Wer aus Mimirs Brunnen trinkt, erlangt Weisheit über alles, was geschehen ist und geschehen wird.

Als Hüter des Brunnens ist Mimir der einzige rechtmäßige Nutzer dieses Quells der Weisheit und damit das weiseste Wesen der Schöpfung – sogar weiser als der Göttervater Odin. Der hatte, von unstillbarem Wissensdurst getrieben, Mimir um Zugang zur Quelle gebeten, was dieser ihm verweigerte. Daraufhin nahm Odin sein eigenes Auge und gab es Mimir im Austausch. Mimir nahm das Opfer an, und Odin durfte einen Schluck des weisheitsspendenden Wassers trinken.

Seitdem liegt Odins Auge auf dem dunklen Brunnengrund und beobachtet alles, was geschieht.

Als die Welten erschaffen wurden und Asgard fertig war, brach ein Krieg zwischen den beiden Göttergeschlechtern aus, den Asen und den Wanen. Beim Friedensschluss wurde bestimmt, Geiseln als Sicherheitspfand auszutauschen. Die Wanen gaben den Asen Njörd mit seinen Kindern Frey und Freya als Friedensgeiseln, drei einflussreiche Götter mit Macht über Fruchtbarkeit und obendrein noch zauberkundig. Sie waren sehr willkommen in Asgard.

Odin schickte seinerseits den weisen Mimir und den stattlichen Hönir nach Wanenheim. Anfangs waren die Wanen noch sehr zufrieden mit dem Tausch und ernannten Hönir zu ihrem neuen Häuptling. Leider mussten sie schnell feststellen, dass er zwar hübsch anzusehen war, aber anders, als von den Asen behauptet, als Herrscher nicht viel zu bieten hatte. Er zauderte bei jeder Entscheidung und fragte Mimir bei jeder Kleinigkeit um Rat. Wenn der gerade nicht zur Stelle war, schwieg Hönir und überließ anderen die Entscheidung. Enttäuscht stellten die Wanen fest, dass Odin sie ausgetrickst hatte, und rächten sich, indem sie Mimir köpfen ließen und sein abgeschlagenes Haupt zurück nach Asgard schickten.

Weshalb sie Mimir und nicht den unliebsamen Hönir köpften, ist ein großes Rätsel.

Odin nahm den Kopf in seine Obhut. Er ritzte magische Runen in den Schädel und balsamierte ihn ein, sprach Zauberformeln und erweckte so Mimirs Geist zu neuem Leben. Seitdem ist der untote Kopf das private Orakel des Göttervaters. Mimirs mystische Prophezeiungen zu deuten ist nicht leicht, da sie oft sehr vage und mehrdeutig sind.

IDUN

DIE ERNEUERNDE * DIE VERJÜNGENDE * HÜTERIN DER GOLDENEN ÄPFEL

Idun ist eine Asin. Sie ist mit dem göttlichen Barden Bragi verheiratet und Tochter des Zwergs Ivaldi und der Lichtalbe Hildegund. Idun ist die Göttin der Jugend und kennt als Einzige das Geheimnis des ewigen Lebens. Sie ist Hüterin der goldenen Äpfel, die den Göttern ewige Jugend und Unsterblichkeit verleihen. Sie verwahrt immer ausreichend viele Äpfel in ihrem Schrein, damit kein Ase leer ausgeht.

Wenn die Götter nämlich über einen längeren Zeitraum keine magischen Äpfel bekommen, beginnen sie rasant zu altern. Idun bekleidet also eine sehr wichtige Position. Sicher rührt daher ihr Name »Die allzeit Geliebte«.

DIE ÄPFEL DER GÖTTER

Odin, Loki und Hönir begaben sich auf eine Reise nach Jötunheim. Sie wanderten lange durch karge und ungastliche Landschaften und hatten bald nichts mehr zu essen. Da kamen sie in ein Tal, in dem eine Herde prachtvoller Ochsen weidete. Die hungrigen Götter fingen das größte Tier, schlachteten es und machten Feuer in einer Kochgrube, um das Fleisch zuzubereiten. Als sie dachten, der Ochse sei fertig, öffneten sie die Grube und stellten fest, dass das Fleisch noch roh war. Sie warteten eine Weile, aber das Fleisch wurde nicht gar.

Sie begannen zu streiten, bis sie von einem Krächzen über ihren Köpfen unterbrochen wurden. In der Krone einer großen Eiche in der Nähe entdeckten sie einen großen Adler, der sie böse anfunkelte. Der Adler, ein Riese in Vogelgestalt, stellte sich als Thiazi vor und teilte ihnen mit, dass ihr Fleisch nicht gar werden würde, weil er es verzaubert hätte. Aber wenn sie ihm so viel von der Mahlzeit abgäben, dass er satt würde, wollte er dafür sorgen, dass es schnell fertig wäre. Die Götter ließen sich auf den Handel ein, worauf der Riesenvogel sich über den mit einem Mal garen Ochsen hermachte. In wenigen Bissen verschlang er den ganzen Ochsen und ließ nur die Knochen und ein paar Sehnen übrig.

Der Hungerneider Loki wurde darüber so wütend, dass er mit einem Stock nach dem Adler schlug. Thiazi krallte sich den Stock und erhob sich mit Loki in die Luft, der zu seinem Schrecken feststellte, dass er den Stock nicht loslassen konnte. Thiazi setzte zum Sturzflug an und rauschte so dicht über die Baumwipfel hinweg, dass die Nadeln abfielen, dann schoss er so nah über den Erdboden entlang, dass der Körper des Gottes gegen Steine und Baumstümpfe schlug. Blau und grün am ganzen Körper, flehte Loki um Gnade, voller Furcht, dass seine Arme aus den Schultergelenken gerissen würden. Thiazi wollte Loki nur unter der Bedingung freilassen, dass er Idun und ihre Goldäpfel in die Wälder vor Asgard lockte. Loki versprach hoch und heilig, alles zu tun, wenn der Adler ihn nur endlich freiließe, und sie einigten sich auf eine Zeit und einen Ort, an den Loki Idun bringen sollte.

Zurück in Asgard, begab sich Loki direkt zu Idun und log ihr vor, er hätte vor den Mauern Asgards ein paar erstaunliche Apfelbäume entdeckt, die sie sich unbedingt ansehen sollte. Er überredete sie, den Schrein mit den goldenen Äpfeln mitzunehmen, damit sie vor Ort vergleichen könne, da die neu entdeckten Früchte ihren Äpfeln auf wundersame Weise ähnlich sähen. Neugierig folgte die Göttin Loki, und kaum hatten sie den Waldrand erreicht, kam Thiazi in Adlergestalt herabgestürzt, schnappte sich Idun und den Schrein und flog mit ihr zu seiner Burg Trymheim im Reich der Riesen.

Den Göttern in Asgard ging es in Iduns Abwesenheit schlecht. Sie alterten rasant, und schon bald kam eine Schar grauhaariger Asen zusammen, um sich zu beratschlagen. Sie waren sich schnell einig, dass wie üblich Loki an allem schuld war. Sie hatten zwar keine Beweise, aber zuletzt war Idun in seiner Gesellschaft gesehen worden. Außerdem waren solche Schurkenstreiche Lokis Markenzeichen. Die Götter ergriffen ihn und drohten, ihn zu töten, wenn er nicht die Wahrheit sagte. Loki gab alles zu und versprach, Idun zu retten. Dafür borgte er sich Freyas Falkenkleid.

In Falkengestalt flog Loki nach Jötunheim zu Thiazis Burg. Als er dort eintraf, war Thiazi günstigerweise beim Fischen. Das erleichterte Iduns Befreiung aus dem Turm, wo sie mit ihrem Apfelschrein gefangen gehalten wurde. Loki verwandelte sie in eine Nuss, packte sie mit seinen Krallen und flog nach Asgard zurück, so schnell seine Flügel ihn trugen. Kurz darauf kehrte Thiazi heim und entdeckte, dass die Göttin samt Äpfeln verschwunden war. Rasend vor Wut nahm er wieder Adlergestalt an und jagte Loki hinterher. Mit seinen breiten Schwingen war der Adler schneller als der Falke und schnappte bald nach seinen Schwanzfedern.

Als die Asen den Falken und den Adler, der ihn verfolgte, sahen, trugen sie in Windeseile einen großen Haufen Holzspäne hinter Asgards Mauern zusammen. Unmittelbar hinter der Mauerkrone setzte Loki zum Sturzflug an, und die Götter entzündeten das Feuer. Thiazi, der Loki dicht auf den Schwanzfedern folgte, konnte nicht schnell genug ausweichen und stürzte in das jäh auflodernde Flammenmeer. Alle Federn seines Adlerkleides verbrannten, und der Riese saß in der Falle, umringt von einem Haufen zorniger, wenn auch etwas hinfälliger Asen. Die ergrauten Götter griffen Thiazi mit Knüppeln und Schwertern an und machten kurzen Prozess mit ihm. Loki und Idun nahmen wieder ihre normale Gestalt an. Die Götter bekamen ihre Goldäpfel und waren bald wieder jung und frisch.

Sie verwahrt in einem Gefäß die Äpfel, welche die Götter genießen sollen, wenn sie altern. Denn sie werden alle jung davon, und das mag währen bis zur Götterdämmerung.

AUS *GYFLAGINNING* (GYFLIS VISIONEN)

NJÖRD

FEGJAVAGUD * VANANIDR

Njörd ist einer der drei Wanen, die nach dem Friedensschluss der Göttergeschlechter in Asgard leben. Die anderen zwei sind seine Kinder Frey und Freya, die er mit seiner ersten Frau Nerthus zeugte. Sie war zugleich seine Schwester, da die Wanen im Gegensatz zu den Asen Ehen unter Verwandten zugelassen haben. Ein Brauch, den sie mit ihrem Einzug in Asgard aufgeben mussten.

Während die Asen Götter der Macht und Ordnung sind, repräsentieren die Wanen die Erde, die Natur und Magie. Sie sorgen für fruchtbare Felder und Äcker und schenken Frieden und Wohlstand. Die zauberkundigen Götter lehrten die Menschen die Kunst der Weissagung, sodass die Seherinnen und Schamaninnen die Zukunft vorhersagen und direkt mit den Göttern in Verbindung treten konnten.

Wie alle Wanen ist Njörd ein Fruchtbarkeitsgott mit Macht über Handel und Reichtum. Als Beschützer der Schiffe und Seeleute herrscht er über den Wind und das Meer. Fischer beten zu ihm für einen guten Fang und Seefahrer für guten Fahrtwind. Njörd wohnt im himmlischen Palast Noatun. Eine Zeit lang ist er mit der Riesengöttin Skadi verheiratet gewesen, aber ihre Ehe war unglücklich und hat nicht lange gehalten.

Sein Name bedeutet Kraft oder Stärke.

In Wanaheim schufen
ihn weise Mächte
und gaben ihn Göttern als Geisel.
Am Ende der Zeiten
soll er aber kehren
heim zu den weisen Wanen.

AUS *VAFTRUDNISMAL* (WAFTHRUDNIRLIED)

SKADI

SKADE * ÖNDURDIS

JAGD AUF SKIERN
ILLUSTRATION AUS OLAUS MAGNUS' *GESCHICHTE DER NORDISCHEN VÖLKER*

Skadi ist die Tochter des Riesen Thiazi, zählt aber zu den Asen. Sie ist schroff und wortkarg und fühlt sich auf Skiern und mit ihrem Bogen in der Einsamkeit der unzugänglichen Berge am wohlsten. Sie ist die Göttin des Winters und der Jagd und die beste Scharfschützin in Asgard. Obgleich aus dem Riesengeschlecht abstammend, ist Skadi sehr hübsch und eine stolze und mächtige Kriegerin.

Sie vergisst niemals ein Unrecht und hasst Loki von ganzem Herzen, weil sie ihn für den Tod ihres Vaters verantwortlich macht. Ihr Name bedeutet entweder »Die Schaden zufügt« oder geht auf das alte germanische Wort *skadus* zurück, was Schatten heißt. Es gibt Theorien, nach denen die Namen »Skandinavien« und »Schonen« (Skåne) auf sie zurückgehen.

WIE SKADI IHREN EHEMANN WÄHLTE

Iduns Entführung mitsamt ihrem Apfelschrein endete mit dem Tod des Riesen Thiazi. Als Skadi erfuhr, dass die Asen ihren Vater erschlagen hatten, bewaffnete sie sich und begab sich nach Asgard, um Rache zu üben.

In Asgard gelang es dem redegewandten Odin, die erzürnte Riesin zu beruhigen und zu einem Vergleich zu überreden. Skadi ließ sich darauf ein und forderte, sich einen Mann unter den Göttern auswählen zu können und dass die Asen sie wieder zum Lachen bringen sollten. Das war selbst unter normalen Umständen keine leichte Aufgabe, und nach dem Tod ihres Vaters war sie verbitterter denn je.

Nicht schlafen konnt ich
am Ufer der See
vor der Vögel Lärm.
Da weckte mich
vom Wasser kommend
jeden Morgen die Möwe.

GYLFAGINNING (GYLFIS VISIONEN)

Skadi hatte im Stillen Balder für sich gewählt – den schönsten und beliebtesten der Götter. Aber Odin wollte seinen Lieblingssohn nur ungern an eine Riesin verlieren, darum stellte er eine Bedingung. Skadi durfte nicht frei wählen, sondern sollte einen der Götter, die sich hinter einem Vorhang aufstellen mussten, sodass nur die Füße zu sehen waren, aussuchen. Wenn sie Balder an seinen Füßen erkannte, sollte er ihr gehören.

Asgards Junggesellen stellten sich also hinter dem Vorhang auf, und Skadi verglich die Füße. Am Ende entschied sie sich für das Paar, das ihr wohlgestalteter als alle anderen erschien, fest davon überzeugt, dass die schönsten Beine dem schönsten Gott gehörten. Aber als der Vorhang aufgezogen wurde, zeigte sich, dass die schönsten Beine nicht Balder, sondern dem Meeresgott Njörd gehörten.

Dass sie um den ansehnlichen Balder betrogen worden war, hob Skadis Laune nicht, aber nicht umsonst war einer von Lokis Beinamen »Der Spaßmacher der Götter«. Er knotete das eine Ende eines Strickes um den Bart eines Ziegenbocks und das andere um seinen Hodensack und veranstaltete ein Tauziehen mit dem Tier. Die beiden boten einen so lächerlichen Anblick, dass nicht einmal die mürrische Riesin sich das Lachen verkneifen konnte. Als letzte Versöhnungsgeste warf Odin Thiazis Augen an den Himmel und verwandelte sie in zwei Sterne am Firmament.

Die Ehe zwischen Skadi und Njörd war nicht sehr glücklich und nur von kurzer Dauer. Njörd fühlte sich unwohl in Skadis Burg Trymheim – die Berge waren ihm fremd, und das Heulen der Wölfe hielt ihn nachts wach. Waren sie in Njörds Wohnstatt Noatun am Rand des Weltenmeeres, hielt das Möwengeschrei Skadi wach, und sie vermisste die Berge. Die beiden trennten sich, aber Skadi blieb in Asgard als Odins Geliebte und gebar ihm viele Söhne.

GEFJON

GEFJUN * DIE GEBENDE

Gefjon bedeutet »Die Gebende«. Sie ist Göttin des Ackerbaus und Beschützerin der Jungfrauen. Frauen, die unverheiratet und als Jungfrauen starben, kamen zu ihr. Gefjons eigener Status als Jungfrau ist allerdings umstritten – Loki wirft ihr bei einer Gelegenheit vor, sie hätte die Schenkel um Heimdall geschlungen. Und in der einzigen überlieferten Erzählung über sie ist ihr Auftreten alles andere als keusch.

WIE GYLFI BETROGEN WURDE

Laut einer Legende lebten Odin und die Götter eine Zeit lang auf der Insel Fünen im heutigen Dänemark. Aber Fünen war klein, und darum schickte Odin Gefjon in den Norden, um mehr Land zu finden. Als umherwandernde Seherin verkleidet traf sie auf den skandinavischen König Gylfi von Svitjod. Er fand Gefallen an der geheimnisvollen Schönheit aus dem Süden, und sie verbrachten einige Nächte im Bett des Königs. Gylfi wollte Gefjon dafür belohnen und versprach ihr so viel Land, wie sie an einem Tag pflügen konnte.

Gefjon begab sich daraufhin nach Jötunheim und zeugte vier Söhne mit einem Riesen, die sie in riesige Ochsen verwandelte. Mithilfe ihrer verzauberten Abkömmlinge und einem Pflug, der größer als ein Schiff war, bearbeitete sie schließlich an einem Tag ein ordentliches Stück Land. Das von den Riesenochsen nach Dänemark transportierte Land wurde zur größten Insel Seeland. Die zurückbleibende Grube füllte sich mit Wasser und wurde zum Mälarsee. Als Belohnung für diese außerordentliche Leistung gab Odin Gefjon seinen Sohn Skjold zum Mann.

BALDER

BALDUR * GOTT DER TRÄNEN * DER LEUCHTENDE

Balder gilt als der friedliebendste und reinste der Götter. Er ist Sohn von Odin und Frigg und im Gegensatz zu seinem moralisch unsteten Vater durch und durch gut. So gut, dass er nicht nur von Menschen und Göttern geliebt wird, sondern von der gesamten Schöpfung. Tiere, Bäume, Steine, selbst die von Natur aus feindlich gesinnten Riesen haben nur Gutes über Balder zu sagen. Er ist nicht nur so schön, dass es um ihn leuchtet, sondern dazu noch barmherzig und weise. Allerdings werden Balders Ratschläge erstaunlicherweise selten befolgt, wie klug sie auch sein mögen.

Balder lebt mit seiner Frau Nanna in Breidablick – ein himmlischer Ort am Rand von Asgard, wo kein Unrecht Zutritt hat. Mit Nanna hat er den Sohn Forsete, oberster Streitschlichter der Götter.

Seiner Beliebtheit zum Trotz finden sich nur wenige Zeugnisse eines Balderkults im Norden oder bei anderen germanischen Stämmen, die die Asen anbeteten. Balders Name bedeutet »Der Leuchtende« oder »Herr«.

Ich sah Balder,
dem blutenden Gott,
Odins Sohn,
Unheil bestimmt.
Über der Ebene
stand aufgewachsen
der Zweig der Mistel,
zart und schön.

AUS *VÖLUSPA* (WEISSAGUNG DER SEHERIN)

Dem tragischen Tod von Balder, der auch als Auftakt zu einer Reihe von Ereignissen gesehen werden kann, die schließlich zum Untergang der Götter führten, gingen die Albträume Balders voraus. Er träumte, dass sein Leben in Gefahr sei, und erzählte seinen Eltern davon. Odin sattelte sein Pferd Sleipnir und ritt in die Unterwelt zu Hel, wo ihm bestätigt wurde, dass im Totenreich bereits ein Platz für Balder reserviert war.

Besorgt kehrte der Göttervater nach Asgard zurück und beratschlagte sich mit den anderen Göttern. Sie beschlossen, Balder vor allen denkbaren und undenkbaren Gefahren zu schützen. Frigg reiste durch die Welt und ließ sich von allen Wesen und Dingen schwören, ihrem Sohn nicht zu schaden. Jede Giftschlange und jede Krankheit, jedes wilde Tier und sogar Feuer, Wasser und Steine versprachen hoch und heilig, dem geliebten Gott niemals Schaden zuzufügen.

Damit schien das Problem aus der Welt, und die Götter versammelten sich auf dem Thingplatz, um Balders neu gewonnene Unverwundbarkeit auf die Probe zu stellen. Sie schossen mit Pfeilen auf ihn, warfen Steine und schlugen mit allen möglichen Gegenständen auf ihn ein. Aber was auch immer sie versuchten, die Schläge prallten von ihm ab, und die Pfeile fielen zu Boden, ohne dem Gott auch nur den kleinsten Kratzer zuzufügen. Alle Götter, nicht zuletzt Balder, hatten viel Spaß dabei.

Alle außer Loki, der es nur schwer ertrug, dass der freundliche Balder im Mittelpunkt stand. Loki nahm die Gestalt einer Kammerdienerin an und fragte Frigg, ob sie wirklich allen Dingen und Wesen zwischen Himmel und Erde das Versprechen abgenommen hatte, Balder nichts zu tun. Frigg gab unbedacht zu, dass sie ein kleines Gewächs vergessen hätte – die Mistel. Loki schlich davon, suchte sich einen Mistelzweig und schnitzte einen Pfeil daraus. Danach begab er sich zum Thingplatz, wo die Götter Balder immer noch eifrig mit allem Möglichen beschossen. Ein wenig abseits stand Balders blinder Bruder Hödur, der nicht an dem Wettkampf teilnehmen konnte, weil er das Ziel nicht sah. Loki bot an, ihm dabei behilflich zu sein, seinen Bruder zu testen, drückte ihm einen Bogen in die Hand und zeigte ihm, wie er sich hinstellen musste. Hödur nahm den Mistelpfeil und schoss nach Lokis Anweisung. Der Pfeil durchbohrte Balder, und der Friedensgott brach tot zusammen. Die versammelten Asen waren wie versteinert.

Frigg ergriff als Erste das Wort und fragte, welcher der Götter den Mut hatte, zu Hel zu reiten und ihr ein Pfand zu bringen, damit sie Balder wieder in die Welt der Lebenden entließ. Hermod mit dem Beinamen »Der Schnelle«, trat vor. Odin lieh ihm dankbar sein Pferd Sleipnir, und Hermod begab sich in die Unterwelt.

Hödur bringt her
den hohen Ruhmspross;
er wird Balders
Blut vergießen,
das Alter enden
Odins Sohne.

AUS BALDERS TRÄUME

Die Asen richteten eine prachtvolle Beisetzung für den gefallenen Gott aus. Sie gaben dem toten Balder das Geleit ans Meer, wo sein Schiff Ringhorn bereitstand. An Bord errichteten sie einen mächtigen Scheiterhaufen, der entzündet werden sollte, sobald das Schiff abgelegt hatte. Es kamen unendlich viele Gäste zu der Bestattung – nicht nur Asen und Wanen, sondern auch Lichtalben, Walküren, Zwerge und Riesen unterschiedlicher Art. Balder war so beliebt gewesen, dass ihm selbst die Feinde der Götter die letzte Ehre erweisen wollten.

Aber als sie Ringhorn aufs Meer hinausschieben wollten, bewegte das Schiff sich nicht von der Stelle. Am Ende wussten sich die Götter keinen anderen Rat, als die für ihre Urkräfte bekannte Riesin Hyrrokkin herzubeordern. Sie kam auf einem riesigen Wolf angeritten, der mit einer Schlange gezäumt war. Hyrrokkin stieß das Schiff mit solcher Kraft vom Ufer ab, dass der Kiel Funken schlug.

Jetzt konnte Balders Leichnam auf das Schiff gebracht und auf den Scheiterhaufen gelegt werden. Als Balders Ehefrau Nanna das sah, brach ihr vor Kummer das Herz, und sie fiel tot zu Boden. Da trugen sie auch Nanna auf das Schiff und betteten sie neben ihren Mann. Ehe der Scheiterhaufen angezündet wurde, segnete Thor ihn mit seinem Hammer Mjöllnir.

Unterdessen ritt Hermod zur Unterwelt Hel. Neun Tage und neun Nächte durchquerte er finstere Täler und überwand den Totenfluss Gjöll, ehe er vor den riesigen Toren Hels stand. Er trieb Sleipnir die Sporen in die Flanken, worauf das magische achtbeinige Pferd mit einem gewaltigen Satz die Tore überwand und sicher auf der anderen Seite landete. In Hels Halle Eljudnir (Elend) sah Hermod Balder auf dem Ehrenplatz rechts von Hel sitzen. Er berichtete Hel von der grenzenlosen Trauer um Balder und bat sie, ihn nach Asgard zurückkehren zu lassen. Die Todesgöttin versprach, dass es so sein solle – aber nur, wenn alle Dinge in der Welt, lebende wie tote, um ihn weinten. Wenn auch nur ein Wesen oder Ding ihn nicht betrauern wollte, würde Balder bei ihr bleiben.

Hermod verabschiedete sich von Balder und überbrachte den Göttern in Asgard Hels Bedingung für Balders Rückkehr. Die Götter schickten Boten in die ganze Welt und forderten alle Geschöpfe auf, Balders Tod zu beweinen, damit er aus dem Totenreich zurückkehren konnte. Alle Geschöpfe folgten der Aufforderung.

Nur ein Wesen verweigerte sich. In einer unwirtlichen Berglandschaft saß eine grimmige alte Riesin namens Thökk in einer Höhle. Ihr war Balder völlig egal, weil sie nie einen Nutzen von ihm gehabt hatte und darum keine Träne um ihn vergießen wollte. Die Götter waren überzeugt, dass es sich bei Thökk eigentlich um Loki in Gestalt der Riesin handelte, der Balders Rettung vereitelte. Wie auch immer, Balders Schicksal war besiegelt, und er war verdammt, in Hel zu bleiben.

Odin traf das endgültige Todesurteil für seinen Sohn sehr hart, und er wusste, dass dies der Anfang vom Ende war. Balders Tod hatte eine Kette von Ereignissen in Gang gesetzt, die unaufhaltsam zum Untergang der Götter führen sollte.

Balders Mörder erhielt seine Strafe. Der blinde Hödur, Odins Sohn und Balders Bruder, hatte sich des Brudermordes schuldig gemacht, und der Brauch forderte dafür Vergeltung durch einen Verwandten. Zu diesem Zweck zwang Odin die Riesin Rind, mit ihm einen Sohn, Wali, zu zeugen. Als der gerade mal eine Nacht alt war, brachte er Hödur um.

Loki war klar, dass seine Zeit bei den Asen ihrem Ende entgegenging. Seit er bei einem Trinkgelage beim Meeresgott Ägir so gut wie jeden Gott beleidigt – und unter dem Einfluss des Bieres laut mit seinem Anteil an Balders Tod geprahlt – hatte, wurde Loki geächtet. Er floh in die Berge und zog in eine hoch gelegene Hütte, die Türen in alle vier Himmelsrichtungen hatte, damit er rachedürstende Asen rechtzeitig sehen konnte. Die Tage verbrachte er als Lachs in einem Bergbach.

Odins Raben durchkreuzten unermüdlich die Welten auf der Suche nach Loki und entdeckten ihn eines Tages vor seiner Hütte. Als Loki sie sah, verwandelte er sich in einen Lachs und versteckte sich im Bach unter einem Stein. Aber die Götter knüpften ein Netz, in dem sie den Lachs fingen. Loki versuchte verzweifelt, aus dem Netz zu entkommen, aber Thor konnte ihn im letzten Moment greifen. Der glitschige Fisch entglitt um ein Haar, aber Thor packte ihn an der Schwanzflosse und drückte fest zu. Darum hat der Lachs noch heute so einen schmalen Schwanz.

Die Asen verbannten Loki in die kalte Unterwelt, wo sie eine grausame Rache für ihn vorbereitet hatten. Zuerst banden sie ihn auf scharfkantige Steine. Als Fesseln verwendeten sie die Därme von Lokis Sohn Narvi, über die Odin Runenformeln sprach, damit sie hart wie Eisen wurden. Dann hängte Skadi – der Loki schon immer ein Dorn im Auge gewesen war – eine grauenerregende Schlange über den gefesselten Loki, deren Gift unablässig auf sein Gesicht tropfte. So ließen die Götter ihn zurück.

Lokis Ehefrau Sigyn – treu bis zuletzt – stand neben ihrem Mann und hielt ihm eine Schale über den Kopf, mit der sie das Gift abfing. Zwischendurch musste sie die Schale aber ausleeren, und dann tropfte das Gift in Lokis Augen, der sich vor Schmerz wand und so fest an seinen Fesseln zerrte, dass die Erde bebte. Das nennen die Menschen Erdbeben. So verharren Loki, seine Frau und die Schlange in der Finsternis der Unterwelt – bis zur letzten Schlacht, vor der Loki sich befreit und mit den bösen Mächten vereint.

RIESEN, WESEN UND UNGEHEUER

AUS DEN ELIWAGAR
FUHREN EITERTROPFEN
UND WUCHSEN, BIS ES EIN RIESE WARD.
UNSRE GESCHLECHTER KAMEN ALLE DAHER:
DRUM SIND SIE UNHOLD IMMER.

AUS *VAFTRUDNISMAL* (WAFTHRUDNIRLIED)

DISEN

Weibliche mythische Wesen, die in enger Verbindung zu den Göttern und Asgard stehen. Sie wurden in früheren Zeiten von den Menschen kultisch verehrt mit einem speziell auf sie ausgerichteten Opferfest, der sogenannten Disablot.

Eine Esche weiß ich, sie heißt Yggdrasil,
die hohe, benetzt mit hellem Nass;
von dort kommt der Tau, der in Täler fällt,
immergrün steht sie am Urdbrunnen.

Von dort kommen Frauen, viel wissende,
drei, aus dem Born, der unterm Baume liegt:
Urd heißt man eine, die andere Werdandi –
sie schnitten ins Scheit –, Skuld die dritte.
Lose lenkten sie, Leben koren sie
Menschenkindern, Männergeschick.

AUS *VÖLUSPA* (WEISSAGUNG DER SEHERIN)

DIE NORNEN

Nornen sind keine Göttinnen im eigentlichen Sinn, sondern viel älter und mächtiger. Es gibt drei, und sie heißen Urd, Werdandi und Skuld. Ihre Namen bedeuten »Die Gewordene/Vergangenheit«, »Die Werdende/Gegenwart« und »Die Schuld/Zukunft«.

Die Nornen lenken das Schicksal aller Lebewesen, indem sie die Lebensfäden spinnen. Mit ihren Scheren bestimmen sie die Länge der einzelnen Lebensfäden und welche Schicksalsstränge miteinander verflochten werden. Wenn sie einen Faden abschneiden, ist dieses Leben zu Ende. Sie verraten nicht einmal den Göttern, wie lang ihre Lebensfäden sind. Alle Lebewesen – auch die Göttinnen und Götter – sind dem Schicksal unterworfen.

Die Nornen leben in einer Halle unter Yggdrasils Wurzel beim Urdbrunnen. Jeden Morgen gießen sie die Weltenesche und schmieren ihre Wurzeln mit heiligem weißen Ton aus dem Brunnen ein, damit die Esche immer grün ist und nicht verrottet.

KRIEGERINNEN
ILLUSTRATION AUS OLAUS MAGNUS' *GESCHICHTE DER NORDISCHEN VÖLKER*

Walküren sind weibliche Geistwesen, die Odin dienen und in gewisser Weise auch Freya. Sie wählen die im Kampf ehrenvoll gefallenen Krieger für Odins Einherjerheer aus. Ihr Name bedeutet so viel wie »Die auf dem Schlachtfeld die Gefallenen Auswählende«. Die meisten Walküren tragen sprechende Namen, die auf die kriegerische Rolle ihrer Trägerinnen verweisen, so wie Rist, was »Speerwerferin« bedeutet, oder Hild, Hlökk und Gunn, alles Synonyme für »Kampf«.

Die Walküren kümmern sich in Walhall in Gestalt wunderschöner Jungfrauen um die Einherjer (ehrenvoll Gefallene) und versorgen sie mit Speis und Trank. Aber wenn sie sich wie eine Schar von Raben auf dem Schlachtfeld zusammenrotten, enthüllen sie ihr wahres Wesen in der Gestalt von Schreck einflößenden, wilden Geschöpfen.

Auf Odins Befehl hin säen sie Zwietracht zwischen Häuptlingen und Königen, weil der Kriegsgott um jeden Preis Frieden zwischen den Völkern vermeiden will. Wie sollte er sonst, ohne die ständigen Schlachten, seine himmlischen Heerscharen erweitern?

Die Walküren treten auch als Kriegs- oder Todesverkünderinnen auf, etwa als Riesinnen, die Blut an einem Ort ausschütten, auf dem demnächst eine Schlacht geschlagen werden soll, oder als auf Wölfen reitende Schattenwesen.

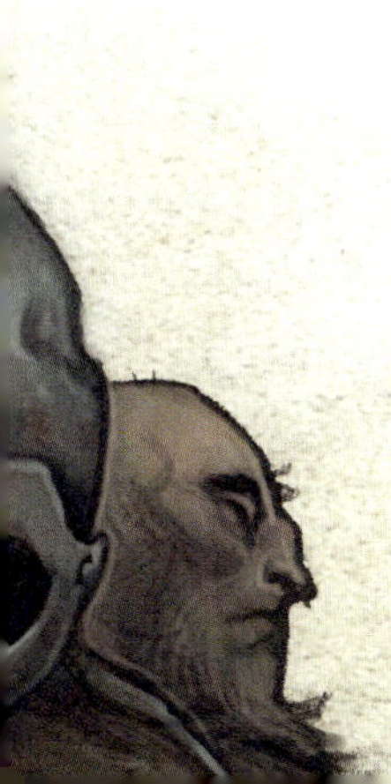

In der Njals-Saga wird erzählt, wie ein Mann mit Namen Dörrud kurz vor Mitternacht zwölf geheimnisvolle Reiter zu einem Hof reiten und im Inneren verschwinden sah. Als er durch eines der Fenster schaute, bot sich ihm ein albtraumhafter Anblick. In der Hütte saßen zwölf weibliche Wesen und sponnen ein grausiges Gewebe aus Menschendärmen, mit einem abgeschlagenen Kopf als Tuchgewicht und sangen dabei:

Wir weben, wir weben
das Schlachtgewebe,
wo kühner Fechter
Fahnen schreiten.
Lasst sein Leben
ihn nicht verlieren.
Walküren lenken
der Walstatt Los.

Nun ist Schrecken
rings zu schauen:
Blutige Wolken
wandern am Himmel;
rot ist die Luft
von der Recken Blut,
dem unsere Lose
zum Leid fielen.

Manchmal erscheinen die Walküren auch in Menschengestalt als hübsche Schildjungfrauen. Es kommt immer wieder vor, dass sie sich in einen besonders tapferen Helden verlieben und ihn zum Mann nehmen. Diese Ehen enden jedoch selten glücklich.

Skuld, die jüngste der Nornen, führt häufig die Walküren an, wenn sie die gefallenen Krieger vom Schlachtfeld holen.

Eine Fylgja ist ein weiblicher Folgegeist oder Schutzgeist, der über einen einzelnen Menschen oder eine ganze Familie wacht. Sie warnen ihre Schützlinge vor Gefahren, indem sie ihnen in ihren Träumen erscheinen. Wenn sie sich einem Menschen im wahren Leben zeigen, ist das meist eine Warnung vor dem bevorstehenden Tod der Person.

In anderen Fällen offenbaren sie sich als Totemtiere, die die Verstorbenen ins Totenreich geleiten. In dieser Funktion nehmen sie die Gestalt eines Tieres an, das sich bei der Geburt der betreffenden Person in deren Nähe aufgehalten hat – oft ein Fuchs, Rabe oder Raubvogel.

RIESEN

JOTEN * THURSEN * FROSTRIESEN * EISRIESEN * FEUERTHURSEN
HÜNEN * REIFTHURSEN * BERGRIESEN

Die Riesen sind eng mit dem Urchaos verbundene Elementarwesen. Die meisten stammen von Ymir ab und sind die Erzfeinde der Götter. Es gibt verschiedene Arten von Riesen: Im Norden leben die Reifthursen, auch bekannt als Eisriesen. Verborgen in der Tiefe des Weltenmeeres leben die schuppigen Meeresriesen und in Muspelheim die hitzigen Feuerthursen. Einige von ihnen sind dämonische Wesen mit mehreren Köpfen oder anderen grotesken Missbildungen. Die furchterregende Mutter des Riesen Hymer und Großmutter Tyrs soll neunhundert Köpfe gehabt und einen Großteil ihrer Zeit damit verbracht haben, sich mit sich selbst zu streiten.

Einige Riesen, besonders die, die im gefürchteten Eisenwald herumstreifen, nehmen die Gestalt monströser Wölfe an. Andere sind so hübsch wie die Göttinnen und Götter. Viele Riesen sind außerdem zauberkundig und können ihre Größe oder Gestalt nach Belieben ändern. Riesen leben in primitiven Clan-Gemeinschaften, in denen der Zauberkundigste oder Stärkste das Sagen hat. Sie sind oft unfassbar reich und leben in Burgen voller erlesener Goldschätze. Vor den Mauern der mächtigen Festungen weiden gut genährte Tiere. Einige Riesen sind sehr alt und weise. Andere können in die Zukunft schauen oder ihren Feinden den Blick vernebeln.

Zwischen Göttern und Riesen lässt sich keine klare Grenze ziehen – sie heiraten untereinander, bekommen Kinder miteinander, und manche Götter (Tyr wurde bereits erwähnt) stammen eigentlich von Riesen ab. Odin zum Beispiel ist der Sohn der Riesin Bestla und prahlt gerne mit seinen vielen Affären mit Riesinnen. Die meisten Riesen leben in Jötunheim, das durch die Mauern Midgards von der Welt der Menschen getrennt ist. Manche Riesen, zum Beispiel Loki und Skadi, leben bei den Göttern in Asgard. Andere wie die Herrscher des Meeres, Ägir und Ran, sind so mächtig, dass sie Götterstatus haben, obgleich sie streng genommen nicht zu den Asen gehören. Letztendlich liegt der Unterschied eher in ihrer Funktion als in ihrer Herkunft. Die Götter stehen für Ordnung, Fruchtbarkeit und Wachstum, während die Riesen die dunkle, chaotische Seite des Daseins repräsentieren.

FENJA UND MENJA

Fenja und Menja waren zwei Rieseninnen und mächtige Kriegerinnen aus dem Geschlecht der Bergthursen. Sie konnten Bären besiegen und es gegen ganze Heere aufnehmen. Trotzdem wurden sie irgendwann gefangen genommen und als Sklavinnen an den dänischen König Frodi verkauft.

Frodi sperrte sie in eine magische Mühle mit dem Namen Grotti, deren Mahlsteine so riesig waren, dass kein lebendes Wesen sie bisher hatte bewegen können. Grotti war eine Wünschelmühle, deren Mahlsteine alles mahlten, was man sich wünschte, und so befahl König Frodi den Riesinnen, ihm Glück, Frieden und Reichtum zu mahlen. Dabei machte er den großen Fehler, seine Sklavinnen schlecht zu behandeln und sie nie ausruhen zu lassen.

Das ging eine Weile gut, und Frieden und Glück breiteten sich im Land aus, aber irgendwann waren Menja und Fenja ihre schlechten Arbeitsbedingungen leid. Sie mahlten immer schneller und sangen dabei ein Lied, das Unglück für Frodi prophezeite. Und eines Tages mahlten die Mahlsteine plötzlich Krieg, Unglück und ein feindliches Heer, angeführt vom Meereskönig Mysing. Mysing tötete Frodi und befreite Fenja und Menja, nur um sie dann selbst an die Mühle zu ketten, die er als Beute auf sein Langschiff mitgenommen hatte. Mysing nutzte die Riesinnen genauso aus wie Frodi. Aus Rache mahlten die beiden solche Mengen an Salz, dass das Schiff samt Mühlsteinen, Mann und Maus sank.

Seitdem ist das Meerwasser salzig.

ZWERGE

SCHWARZALBEN * DIE UNTERIRDISCHEN * DUNKELALBEN

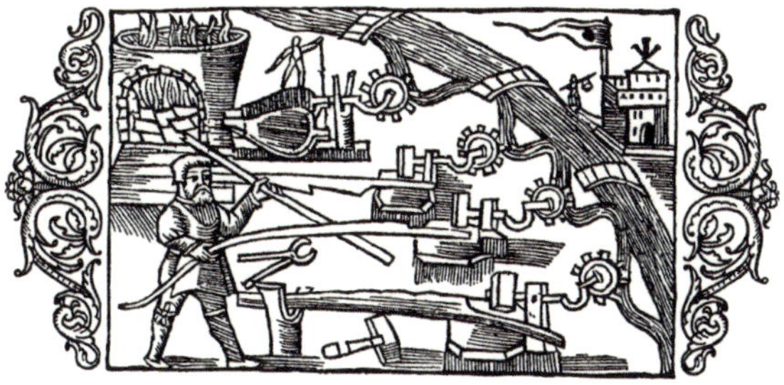

ÜBERS SCHMIEDEN
ILLUSTRATION AUS OLAUS MAGNUS' *GESCHICHTE DER NORDISCHEN VÖLKER*

Nachdem Bors Söhne den Urriesen getötet und die Welten aus seinem Fleisch geformt hatten, entdeckten sie darin lauter wimmelnde Leichenwürmer. Die Götter pflückten die Maden aus dem Fleisch, gaben ihnen Verstand und eine menschliche Gestalt und teilten ihnen ein eigenes, unterirdisches Reich zu, das sie Svartalfheim nannten. Dort war es dunkel und heiß und die Luft dick von dem Rauch der Schmelzöfen und lauten Werkstätten der Zwerge. Sie leben auch in Steinen und Felsen, und wie Trolle werden sie in Stein verwandelt, wenn sie dem Sonnenlicht ausgesetzt sind.

Zwerge sind unerhört geschickte Schmiede und Handwerker. Selbst eher hässlich und krumm gewachsen, stellen sie ausgesucht schöne Waffen und Kunstgegenstände her. Viele ihrer Schöpfungen besitzen magische Eigenschaften. Die wertvollsten Besitztümer der Götter, wie Thors Hammer Mjöllnir, Freys Schiff Skidbladnir oder Freyas Halsschmuck Brisingamen, wurden von Zwergen geschmiedet.

ANGERBODA

ÅNGERBÅDA * ANGRBODA

Eine Alte östlich
im Erzwald saß,
die Brut Fenrirs
gebar sie dort.

AUS *VÖLUSPA* (WEISSAGUNG DER SEHERIN)

Östlich von Midgard, im Reich der Riesen, erstreckt sich der dunkle, urzeitliche Eisenwald, ein gefährlicher Ort, in dessen Tiefen sich unaussprechliche Gräuel verbergen. Werwölfe und andere Ungeheuer streifen zwischen den dicken Baumstämmen umher, und überall lauert bösartiges Hexenpack, auch Järnvidjor genannt.

Im ältesten und dichtesten Teil des Waldes, wo kein Sonnenstrahl jemals den Boden erreicht, ist die Riesenhexe Angerboda die uneingeschränkte Herrscherin. Sie ist zugleich wunderschön und grauenerregend anzuschauen. Ihr Name bedeutet »Angstbotin, Kummerbringerin«, da ihre Nachkommen großes Leid bereiten.

Angerboda ist nicht nur die Mutter der wilden Horde Werwölfe, die den Wald unsicher machen, unter ihnen Skalli und Hati – Furcht einflößende Riesen in Wolfsgestalt, die die Sonne und den Mond jagen. Mit ihrem Geliebten Loki hat sie auch drei monströse Kinder gezeugt, die allesamt nur Unglück mit sich bringen. Das erste ist der Fenriswolf, der Odin in der letzten Schlacht tötet. Das zweite ist die Midgardschlange, die sich um das Weltenmeer schlingt und im letzten Kampf Thors Mörderin wird. Das dritte Kind ist die Todesgöttin Hel, die von den Asen in die Unterwelt verbannt wurde, um dort über die Toten zu herrschen.

Angerboda ist eine mächtige Hexe, die vielerlei Gestalt annehmen kann. Und sie beherrscht die Kunst der Prophezeiung.

MIDGARDSCHLANGE

JÖRMUNDGAND * WELTENSCHLANGE

Die Midgardschlange Jörmundgand ist eine die Welt umschlingende Seeschlange. Normalerweise liegt sie schlummernd auf dem Grund des Urozeans, aber zwischendurch erwacht sie und verursacht mit dem leisesten Zucken ihrer Schwanzspitze schwere Stürme und riesige Flutwellen.

Jörmundgand ist das zweite Kind von Loki und Angerboda und die Schwester von Hel und dem Fenriswolf. Als die Asen von Lokis giftspeiender Brut erfuhren, warf Odin die Schlange kurzerhand ins abgrundtiefe Weltenmeer. Dort wuchs sie rasch und war bald so lang, dass sie sich einmal um Midgard winden konnte. So verharrt die Schlange seitdem, sich selbst in den Schwanz beißend.

Die Midgardschlange ist Thors erbittertste Gegnerin und die Einzige aus dem Riesengeschlecht, die er nie besiegt hat. In der letzten Schlacht erwacht das Monster aus seinem Dämmerschlaf auf dem Meeresgrund, erhebt sich aus den Wassern und schließt sich den dunklen Mächten an. Die beiden Erzfeinde treten in einem letzten Zweikampf zwischen Gut und Böse gegeneinander an. Thor tötet Jörmundgand und stirbt kurz darauf am Gift der Schlange.

An die Angel steckte
der irdische Gönner
als Köder den Stierkopf
zum Kampf mit dem Wurm.
Gähnend haschte
der gottverhasste
Erdumgürter
nach solcher Atzung.

AUS *HYMNISKVIDA* (HYMIRLIED)

Eines Tages beschloss Thor, ein für alle Mal mit der Midgardschlange abzurechnen. Er packte seinen Hammer und seinen Stärkegürtel ein und begab sich in Gestalt eines Jünglings zum Weltenmeer. Spätabends erreichte er eine Hütte, in der der Riese Hymer lebte. Da ein Unwetter aufzog, bat Thor um Unterschlupf für eine Nacht. Hymer ließ ihn herein und bot ihm eine einfache Mahlzeit und einen Schlafplatz an.

Am nächsten Morgen stand Hymer früh auf, um zum Walfang hinauszufahren. Thor fragte ihn, ob er ihn begleiten dürfe. Hymer lachte und sagte, dass Thor wohl kaum eine große Hilfe wäre, so klein, wie er war. Vermutlich würde er nur bibbernd im Bug sitzen, wenn weit draußen auf dem Meer ein Wal gesichtet würde. Der verunglimpfte Thor wurde so wütend, dass er Hymer am liebsten auf der Stelle den Schädel eingeschlagen hätte, er besann sich aber eines Besseren und brummelte beleidigt, dass sie ja sehen würden, wer als Erster wieder an Land zurückwollte. Er fragte Hymer, was sie als Köder nehmen würden, worauf der Riese amüsiert antwortete, dass er sich darum schon selbst kümmern müsse.

Thor stiefelte auf die Weide hinter der Hütte und drehte Hymers größtem Ochsen den Hals um, steckte den Kopf in einen Sack und ging dann mit dem Riesen zu dessen Boot. Sie setzten sich jeder an ein Ruderpaar und ruderten aufs Meer hinaus.

Der Riese war beeindruckt von Thors kraftvollen Ruderschlägen, und bald erreichten sie die äußeren Schären, wo Hymer immer ankerte. Aber Thor wollte weiter hinaus aufs offene Meer. Der Riese entgegnete, dass es dort gefährlich sei, weil dort das Reich der gefürchteten Midgardschlange wäre. Der verkleidete Ase blieb hartnäckig und begann zu rudern. An der tiefsten Stelle angekommen, schien er endlich zufrieden, aber nun wurde es Hymer allmählich mulmig.

Thor zog die Ruder ein, nahm einen festen Strick mit einem Haken so groß wie ein Anker, hängte den Ochsenkopf daran und warf ihn über Bord. Kurz darauf zuckte es am Strick. Keine Geringere als die Midgardschlange hatte angebissen. Der Donnergott schlug sich die Hände an der Reling auf, als die Schlange nach dem Köder schnappte, was ihn so zornig machte, dass er seine Asenkräfte mobilisierte. Die Blitze, die aus seinen Augen schossen, offenbarten am Ende seine wahre Identität. Hymer kauerte vor Angst bibbernd im Bug, als ihm klar wurde, dass der Donnergott persönlich in seinem Boot saß.

Thor zerrte mit aller Kraft an dem Strick. Er stemmte sich so fest an der Bootswand ab, dass seine Füße das Holz durchbrachen und er sich stattdessen am Meeresgrund abstützen musste. Es gelang ihm, die Schlange an die Oberfläche zu ziehen, er bohrte seinen Blick in ihren und holte zu einem kräftigen Schlag mit Mjöllnir aus. Jörmundgand funkelte Thor an, zischte und spie Gift. In dem Augenblick, als Thor der Schlange den Todesschlag verpassen wollte, kappte der vor Angst leichenblasse Hymer den Strick, und das Ungeheuer verschwand fauchend in den Wellen. Thor warf den Hammer hinter der Bestie her, erfuhr aber nie, ob er getroffen hatte oder nicht. Stattdessen ließ der Donnergott seine Wut an Hymer aus und schlug so heftig zu, dass der Riese mit dem Kopf voran über Bord ging. Und so blieb Hymer im Grund stecken, nur die Füße über dem Wasser.

Thor watete an Land.

HEL

HELL * HALJA

Es gibt mehrere Totenreiche in den neun Welten, und in welchem davon ein frisch Verstorbener landet, hängt davon ab, wie er sein Leben gelebt hat. Die ehrenvoll im Kampf gefallenen Krieger werden in Odins Walhall und Freyas Folkwang aufgenommen, während die Ertrunkenen in Rans Halle auf dem Meeresgrund kommen. Nach Gimle kommen die Gerechten. Bauern und Sklaven, die sich besonders hervorgetan haben, kommen nach Trudvang zu Thor, und unverheiratete Frauen in Gefjons Halle. Ein paar Verstorbene bleiben in ihren Gräbern, und in besonders dunklen Nächten kann man gespenstische blaue Flammen über ihre Grabhügel huschen sehen.

Die schlimmsten Sünder – etwa Verräter, Mörder und Ehebrecher – werden ins finstere Niflheim geschickt. Auf dem Weg dorthinunter müssen sie den Fluss Slid durchqueren, der statt Wasser scharf geschliffene Klingen mit sich führt. In Niflheim am gefürchteten Nastrand erwarten sie ewige Qualen in einer Halle mit Wänden aus verschlungenen Giftschlangen.

Am Nastrand liegt auch eine Werft, in der ein gigantisches Drachenschiff aus den ungeschnittenen Nägeln der Toten gebaut wird. Dieses Schiff, das den Namen Naglfar (Nagelschiff, Totenschiff) trägt, soll das Kriegsheer der bösen Mächte zur letzten Schlacht, Ragnarök, bringen.

Das größte der Totenreiche ist Hel oder Helheim. Es liegt tief in der Unterwelt, zwischen dem Wohnsitz der Zwerge, Svartalfheim und dem eisigen Schreckensland Niflheim. Hel ist ein trister, kalter und ungastlicher Ort, in dem ewiges Halbdunkel herrscht. Es ist von einer hohen Mauer umgeben, deren riesiges Eingangstor von Garm bewacht wird, einem der vielen Höllenhunde, die das Schattenreich bevölkern. Hierher kommen die meisten Verstorbenen. Menschen, die weder besonders heldenhaft noch böse gelebt haben, ganz normale Menschen eben, die nie sonderlich aufgefallen sind.

Hels Name leitet sich von dem altgotischen *halja* ab oder altenglisch *hell* und althochdeutsch *hell(i)a*. Es steht in Beziehung zum neuhochdeutschen *verhehlen* (»verbergen«) und bezeichnet somit das Verborgene. Helheim heißt so viel wie »Das verborgene Reich«, weil das Leben nach dem Tod den Lebenden verborgen ist. Die Pforten, hinter denen es hinunter nach Hel geht, liegen weit im Norden.

Hel ist nicht nur die Ortsbezeichnung, sondern auch der Name der grimmigen Herrscherin der Unterwelt. Sie ist das dritte der monströsen Kinder, die Loki mit der Riesin Angerboda gezeugt hat. Als die Götter von Lokis hässlicher Tochter erfuhren, haben sie Hel kurzerhand nach Niflheim verbannt. Bei dem Sturz wurde eine Hälfte ihres Körpers schwer verletzt, seitdem ist sie noch unansehnlicher – halb schwarzblau, halb leichenblass. Ihr Rücken ist gekrümmt, und sie ähnelt einem Geier. Odin setzt Hel als Wächterin des Totenreiches ein und gibt ihr Macht über die Seelen, die in ihrem Reich landen.

Mitten im Totenreich liegt Hels düsterer Wohnsitz Eljudnir (Elend), in dem alles mit Tod und Vergänglichkeit zu tun hat: Die Türschwelle hat den Namen »Fallendes Verderben«, der Esstisch heißt »Hunger«, ihr Messer »Verschmachtung«, das Bett »Krankenlager« und der Bettüberwurf »Glänzendes Unheil«. Bedient wird Hel von ihrer Magd Ganglot (Trägetritt) und dem Knecht Ganglati (Langsamtritt). Beide gehen so langsam, dass noch nie jemand gesehen hat, dass sie sich bewegen.

Während Hungersnöten und Seuchen kann man Hel auf einem dreibeinigen Pferd herumreiten sehen. Sie hat ein kaltes und hartherziges Wesen und ist am liebsten für sich allein in der Unterwelt. Die Zwistigkeiten zwischen Göttern und Riesen sind ihr herzlich egal. Das Einzige, was sie interessiert, sind die ihr zufallenden Seelen – die hält sie mit eiserner Hand zusammen. Niemand kehrt jemals aus Hel zurück, wenn er erst einmal dort gelandet ist. Niemand, nicht einmal die Götter, entgeht dem Tod.

HRUNGNIR

RUNGNIR * HRUNGNER

Hrungnir ist einer der mächtigsten Reifthursen aus Jötunheim und lebt in Grjotunagard. Er ist selbst für einen Riesen groß und gilt als der Stärkste von allen. Außerdem ist Hrungnir für seine Kalt- und Hartherzigkeit bekannt, buchstäblich, weil er in seiner Brust ein dreieckiges, scharfkantiges Herz aus hartem Granit hat.

Hrungnirs Waffen sind ein riesiger Wetzstein und ein Schild aus Granit. Seine Intelligenz entspricht so gar nicht seiner überwältigenden Muskelkraft, denn sein Schädel ist ebenfalls aus Stein. Das mag im Kampf von Vorteil sein, lässt aber wenig Platz für ein Gehirn. Nach dem Genuss von ein paar Krügen Bier wird er schnell übellaunig und streitsüchtig.

THORS ZWEIKAMPF

Odin ritt auf seinem Pferd Sleipnir in der Nähe von Jötunheim vorbei, als er auf den Riesen Hrungnir stieß. Sie begannen zu streiten, wer von ihnen das bessere Pferd besitze. Der Riese war mächtig stolz auf sein Pferd Gullfaxi und forderte Odin zu einem Wettritt heraus. Gullfaxi und Sleipnir lieferten sich ein Kopf-an-Kopf-Rennen, das mit der gleichzeitigen Ankunft in Asgard und damit einem Unentschieden endete.

Hrungnir nahm Odins Einladung nach Walhall an, nachdem der sich versichert hatte, dass Thor nicht zu Hause war. Das starke Bier stieg dem Riesen schnell zu Kopf, und er begann zu prahlen und zu drohen. Mit lallender Stimme verkündete er, dass er ganz Walhall nach Jötunheim mitnehmen, Asgard versenken und alle Asen bis auf die Göttinnen Freya und Sif töten wolle – die wollte er nämlich entführen.

Gerade als Odin und die anderen Götter die Geduld verloren, flogen die Türen auf, und Thor betrat mit Mjöllnir in der Hand die Halle. Zornentbrannt fragte Thor, wieso ein sturzbetrunkener Riese an seiner Tafel säße.

Hrungnir antwortete, dass ebenjener Riese von Odin persönlich eingeladen worden sei und damit unter seinem Schutz stünde, worauf Thor entgegnete, dass er es noch bereuen würde, diese Einladung je angenommen zu haben. Darauf konterte Hrungnir, wie unehrenhaft es wäre, einen unbewaffneten Gast zu erschlagen, aber er hätte nichts gegen einen Holmgang am nächsten Tag in Grjotunagard einzuwenden. Thor nahm die Herausforderung an. Noch nie hatte es jemand gewagt, ihn zu diesem alten rituellen Zweikampf herauszufordern, und das wollte er sich nicht entgehen lassen.

Hrungnir ritt nach Jötunheim und beratschlagte sich mit seinen Verbündeten unter den Riesen. Um sicherzustellen, dass Thor besiegt werden würde, erschufen sie einen gigantischen Lehmriesen, den sie Mökkurkalfi nannten. Er war neun Rasten hoch, und die Brustspanne betrug drei Rasten (eine Rast entspricht ungefähr neun Kilometern). Da sie kein passendes Herz für seine Größe fanden, musste sich der Gigant mit dem Herzen einer Stute begnügen.

Mökkurkalfi erwies sich als keine besonders große Hilfe. Als Thor zur verabredeten Zeit mit einem Donnerschlag in Grjotunagard erschien, machte sich das Monster vor Schreck in die Hose. Thor betrat energisch den Zweikampfplatz, begleitet von seinem Knecht Thialfi. Der Junge lief zu Hrungnir, der sie mit erhobenem Granitschild und Wetzstein begrüßte. Der clevere Thialfi gab Hrungnir den hinterlistigen Rat, den Schild nicht vor sich zu halten, weil Thor vorhabe, ihn von unten anzugreifen. Darauf warf der nicht ganz so clevere Riese seinen soliden Granitschild auf den Boden und sprang darauf, um sich vor Thors unterirdischem Angriff zu schützen.

Und Thor griff an, aber nicht von unten. Der Donnergott schleuderte seinen Hammer und Hrungnir seinen Wetzstein. Als die Waffen in der Luft aufeinandertrafen, zerschmetterte Mjöllnir zuerst den Wetzstein und danach den steinharten Schädel des Riesen. Einer der tausend Splitter des Wetzsteins bohrte sich durch Thors Stirn und warf den Gott zu Boden. Die übrigen Splitter verteilten sich in der ganzen Welt. Daher stammen die Schleifsteine. Der tödlich getroffene Hrungnir fiel auf Thor und klemmte dessen Hals mit einem seiner Beine am Boden fest.

Thialfi, der in der Zwischenzeit kurzen Prozess mit dem feigen Mökkurkalfi gemacht hatte, eilte zu Hilfe und versuchte, das schwere Bein von Thors Hals zu heben, damit der Luft bekam. Aber der Körper des toten Riesen war keinen Millimeter zu bewegen. Am Ende wussten sie sich keinen anderen Rat, als Thors jüngsten Sohn Magni zu rufen. Der zu dem Zeitpunkt gerade einmal drei Tage alte Junge hob das Bein mit Leichtigkeit an und befreite seinen Vater.

Zum Dank schenkte Thor seinem Sohn Magni Hrungnirs Pferd Gullfaxi.

Seit diesem Tag steckte ein Steinsplitter in Thors Schädel. Und immer, wenn ein Wetzstein geworfen wurde, bewegte sich der Splitter in Thors Kopf und bereitete ihm Schmerzen.

NIDHÖGG

NIDHOGG * NIDHÖGGUR

In der tiefsten Tiefe Niflheims lebt Nidhögg (Leichenfresser, Leichenfledderer), ein Furcht einflößender Urdrache, der sein Nest unter der Wurzel der Weltenesche Yggdrasil hat, neben der Quelle des Bösen, Hvergelmir. Umgeben von Tod und Verwesung und einer wimmelnden Masse kleinerer Schlangen, saugt Nidhögg das Blut aus Übeltätern, die an diesen von allen Göttern verlassenen Ort verbannt wurden. Außerdem nagen er und die anderen Schlangen unentwegt an den Wurzeln des Weltenbaums. Nidhögg verkörpert das absolut Böse, dessen einziges Streben es ist, alles Lebendige und Schöne zu verderben und zu vergiften.

Nidhögg liegt im Zwist mit dem riesigen Adler, der seinen Horst in Yggdrasils Baumkrone hat. Das Eichhörnchen Ratatosk spielt den Kurier zwischen dem Adler und dem Drachen. Es huscht ununterbrochen Yggdrasils Stamm hinauf und hinunter und trägt den neuesten Tratsch und Beleidigungen zwischen den beiden Erzfeinden hin und her.

An seinem sicheren Platz in der Unterwelt entgeht Nidhögg der Zerstörung, die der Untergang der Götter mit sich bringt, und verkörpert in der neu gegründeten Welt das Böse.

Mehr Würmer liegen
unter der Esche Yggdrasil,
als einer meint der unklugen Affen.

AUS *GRIMNISMAL* (DAS LIED VON GRIMNIR)

UTGARDLOKI

UTGARTHILOCUS

Weit weg im Reich der Riesen, hinter dem gefürchteten Eisenwald und den giftdampfenden elf Flüssen Eliwagar, liegt die geheimnisvolle Festung Utgard. Die Mauern sind so hoch, dass man vor dem Tor stehend kaum das obere Ende erkennt. Hier herrscht der berüchtigte Utgardloki über einige der fürchterlichsten Riesen und Monster, die die Welt je gesehen hat.

Utgardloki ist nicht nur ein Riese mit enormer Körperkraft, obendrein hat er einen messerscharfen Verstand und ist ein mächtiger Magier, der jede Gestalt annehmen kann, die er möchte. Utgardloki ist ein Meister der Illusion und des Blendwerks und kennt tausenderlei Tricks der optischen Täuschung. Er hat Macht über Zeit und Raum und kann etwas sehr Großes als winzig klein erscheinen lassen oder umgekehrt. Wie eine Katze spielt er gerne eine Weile mit seiner Beute, ehe er seine Krallen in sie schlägt.

THORS REISE NACH UTGARD

Thor und Loki unternahmen eine gemeinsame Reise durch die Menschenwelt. Am Abend suchten sie für die Nacht bei einem armen Bauern Schutz. Thor schlachtete und häutete seine Zugtiere und briet das Fleisch als Abendmahlzeit über dem Feuer. Als er die Portionen an die Bauernfamilie verteilte, ermahnte er sie, das Fleisch ganz aufzuessen, aber die Knochen unversehrt zu lassen. Der hinterlistige Loki flüsterte jedoch dem Bauernsohn Thialfi ein, dass er unbedingt das köstliche Knochenmark probieren müsse, worauf der Junge mit einem Messer ein Loch in einen Knochen bohrte, um an das Mark zu gelangen. Nach dem Mahl forderte Thor alle auf, die Knochen auf die Felle zu legen.

Am nächsten Morgen stand Thor auf und segnete die gesammelten Knochen mit seinem Hammer, worauf die Böcke wie von Zauberhand wieder zum Leben erwachten und unversehrt dastanden – zumindest beinah. Bald zeigte sich nämlich, dass ein Bock auf einem Bein lahmte. Thor war sofort klar, dass einer seine Anweisung nicht befolgt hatte, und wurde sehr zornig.

Aus seinen Augen schossen Blitze, und er umklammerte Mjöllnirs Schaft, dass seine Knöchel ganz weiß wurden. Der Bauer und seine Frau bekamen es so mit der Angst, dass sie dem Donnergott ihre beiden Kinder Thialfi und Röskva als Diener anboten. Das Angebot besänftigte den Gott, der sich bald wieder beruhigte.

Thor stellte seine Böcke im Stall des Bauern unter, und sie setzten ihre Reise zusammen mit Loki und den beiden Kindern zu Fuß fort. Am Ende des Tages erreichten sie das Umland von Jötunheim. Kurz darauf begann es zu regnen. Auf der Suche nach einem Unterschlupf entdeckten sie den Eingang einer Höhle. Thor und seine Begleiter beeilten sich, in die Höhle zu kommen, und legten sich zum Schlafen auf den wundersam weichen Boden. Kaum waren sie eingeschlafen, wurden sie auch schon wieder von einem heftigen Erdbeben geweckt. Danach war an Schlaf nicht mehr zu denken, weil das Grummeln und Beben die ganze Nacht andauerte.

Sie trauten sich erst beim Morgengrauen aus der Höhle und sahen ein Stück entfernt einen enormen Riesen auf der Erde liegen – das vermeintliche Erdbeben war sein Schnarchen. Als der Riese wach wurde, stellte er sich ihnen als Skrymer vor und bedankte sich bei der Reisegesellschaft, weil sie auf seinen Handschuh aufgepasst hatten, den er am Tag zuvor verloren hatte. Erst da erkannten sie, dass die Höhle, in der sie übernachtet hatten, ein riesiger Fausthandschuh war.

Skrymer schlug vor, gemeinsam weiterzureisen, und bot den anderen an, ihre Habseligkeiten in dem Sack zu tragen, der an seinem Gürtel hing. Dann lief er mit Riesenschritten los, sodass Thor und seine Begleiter unmöglich mithalten konnten. Als sie den Riesen gegen Abend keuchend einholten, saß der unter einer alten Eiche und ruhte sich aus. Ehe Skrymer sich schlafen legte, bot er ihnen noch an, sich gerne an dem Essen aus dem Reisesack zu bedienen, der neben ihm lag.

Der Riese schlief schnell ein und schnarchte wieder so laut, dass die Erde bebte. Thor nahm den Sack, aber sosehr er auch daran zerrte und ruckte, er bekam die Schnur nicht auf, mit der er zugebunden war. Da platzte Thor der Kragen, und er schlug Skrymer mit seinem Hammer auf den Kopf. Der Riese schlug die Augen auf und fragte, ob ihm ein Blatt auf den Kopf gefallen sei. Sie mussten sich mit leeren Mägen hinlegen, aber keiner konnte schlafen mit dem laut schnarchenden Skrymer neben sich. Thor griff erneut zum Hammer und schlug zu, dieses Mal etwas fester. Der Riese zuckte mit den Lidern und fragte, ob er von einer herabfallenden Eichel geweckt worden sei und warum bitte schön Thor mitten in der Nacht wach wäre? Thor murmelte eine unverständliche Antwort, aber als der Morgen graute und der Riese tief und fest schlief, setzte Thor zu einem dritten Schlag an, in den er alle Kraft legte. Der Hammer versank bis zum Schaft in Skrymers Schädel. Der Riese setzte sich auf und fragte, ob ein kleiner Vogel ihm auf den Kopf gemacht hätte.

Damit verabschiedete er sich von der Gesellschaft und ermahnte sie, sich gut zu benehmen, wenn sie Utgard erreichten, weil es dort Riesen gab, die noch größer als er selbst waren.

Um die Mittagszeit erreichten sie Utgard. Die Festung war tatsächlich so gigantisch, wie man sich erzählte. Die Reisegesellschaft musste nicht einmal anklopfen, damit ihnen das Tor geöffnet wurde, weil sie problemlos durch die Spalten zwischen den Torplanken passten. Sie kamen in einen großen Saal, in dem gerade ein Trinkgelage stattfand. Auf den Bänken saßen grölende Riesen, einer größer als der andere, und auf dem Hochsitz saß ihr König Utgardloki. Er hieß die neuen Gäste willkommen und fragte, was für kleine Wesen sie denn wären. Natürlich hatte Utgardloki schon von Thor gehört, aber er hatte sich ihn beeindruckender vorgestellt.

Vor dem Festmahl am Abend waren Wettkämpfe angesetzt, und die neuen Gäste wurden eingeladen, daran teilzunehmen. Der König erkundigte sich, ob es eine Wettkampfdisziplin gab, in der sie sich besonders hervorgetan hätten. Loki, der inzwischen sehr hungrig war, sagte, er könne schneller essen als jeder der Anwesenden. Utgardloki rief den Riesen Logi zu sich und ließ einen langen, bis zum Rand mit Fleisch gefüllten Trog auftragen. Loki saß an einem Ende des Troges, Logi am anderen. Und dann begannen sie, so schnell zu essen, wie sie konnten. In der Mitte des Troges trafen sie sich. Der gierige Loki hatte das ganze Fleisch gegessen, aber Logi hatte sein Fleisch mitsamt den Knochen und seiner Hälfte des Troges hinuntergeschlungen. Alle waren sich einig, dass Loki den Wettkampf verloren hatte.

Danach war Thialfi an der Reihe. Er sagte, dass er schneller laufen könnte als alle anderen. Also gingen alle in den Innenhof, wo eine Laufbahn angelegt worden war. Utgardloki rief seinen besten Läufer zu sich, einen kleinen Riesen mit Namen Hugi. Beide Läufer starteten mit hohem Tempo. Aber wie schnell Thialfi auch lief, Hugi rannte so schnell, dass man ihn kaum mit bloßem Auge sehen konnte. Als Thialfi gerade die halbe Runde geschafft hatte, war Hugi bereits im Ziel. Utgardloki lobte Thialfi, dass er für einen Menschen wirklich erstaunlich schnell war, aber der Schnellere war eindeutig Hugi.

Dann war Thor an der Reihe. Utgardloki fragte den Donnergott, der allgemein bekannt war für seine Stärke und seinen Mut, welche Kraftprobe er sich wünschte. Thor, der schrecklich durstig war, wollte mit jemandem um die Wette trinken. Also begaben sie sich zurück in den Festsaal, wo Utgardloki sein Trinkhorn nahm und behauptete, dass ein ordentliches Mannsbild das Horn in einem Zug leeren könnte. Höchstens zwei. Mehr als drei Züge wären wirklich unmännlich. Thor nahm das Trinkhorn und führte es zum Mund. Er ließ das schwache, leicht salzig schmeckende Bier die Kehle hinunterlaufen, aber irgendwann musste er Luft holen und schlucken.

Zu seinem großen Verdruss stellte er fest, dass das Horn sich kaum geleert hatte. Mit dem zweiten Zug würde es ihm schon gelingen, ermunterte Utgardloki ihn. Aber sosehr Thor seine Kehle auch weitete, der Pegel war nicht nennenswert gesunken, als er das Horn zum zweiten Mal absetzte. Jetzt wurde er langsam zornig und setzte zum dritten Schluck an. Er trank wie ein Besessener, und als er schließlich nach Luft schnappte, konnte er sehen, dass die Flüssigkeit sich verringert hatte. Aber es war immer noch ein Rest Bier zu sehen. Thor verging die Lust, und er gab Utgardloki das Horn zurück.

Utgardloki fragte Thor, ob er sich vielleicht in einer anderen Disziplin ausprobieren wollte. Thor überließ dem Riesen die Wahl. Der zeigte auf eine große Katze, die sich vor dem Feuer zusammengerollt hatte. Die jungen Riesen machten sich einen Spaß daraus, sie zu stemmen. Er rief die Katze zu sich, und Thor schob eine Hand unter ihren Bauch, um sie hochzuheben. Aber sosehr er sich auch anstrengte, es gelang ihm nur, eine Pfote ein wenig vom Boden zu lüpfen. Mehr sei wohl von so einem kleinen Wesen nicht zu erwarten, meinte Utgardloki. Und die Katze sei ja wirklich ziemlich groß.

Jetzt war es mit Thors Geduld vorbei. Er forderte die Riesen auf, sich mit ihm zu messen, worauf Utgardloki antwortete, dass es unter der Würde der meisten Anwesenden im Saal wäre, gegen einen Gegner anzutreten, der nicht in der Lage war, ein Horn zu leeren oder eine altersschwache Katze auf den Arm zu nehmen. Aber wenn der Donnergott darauf bestand, könnte er mit der alten Amme Elli kämpfen. Die hatte schon größere Hünen als Thor besiegt. Eine bucklige, uralte Frau kam herein. Thor und die Alte begannen zu kämpfen, aber je fester er zugriff, desto stärker stemmte sie sich dagegen.

Thor spürte, wie ihn seine Kräfte langsam, aber sicher verließen. Schließlich zwang die Greisin ihn in die Knie, und der Kampf war vorbei.

Utgardloki meinte, dass es für diesen Abend mit den Wettkämpfen genug sei, und lud Thor und seine Begleiter an seine Tafel ein, wo es reichlich zu essen und zu trinken gab. Aber die gedemütigten Gäste stocherten nur trübselig in ihrem Essen herum, bis es Zeit war, schlafen zu gehen.

Am nächsten Morgen standen sie früh auf. Sie wollten sich aus dem Staub machen, bevor die Riesen wach wurden, aber Utgardloki war bereits auf den Beinen. Die Gesellschaft bekam ein üppiges Frühstück serviert, bevor der Riese sie ans Tor seiner Burg begleitete. Als er seine Gäste fragte, wie ihnen Utgard gefallen habe, antwortete Thor wahrheitsgemäß, dass ihn die Vorstellung verdrieße, dass die Riesen hinter seinem Rücken über ihn lachen und ihn einen Schwächling nennen würden. Utgardloki sah ihn verschmitzt an und sagte, dass es nun wohl an der Zeit sei, ihnen die Wahrheit über die Ereignisse der letzten Tage zu erzählen.

Sie waren an der Nase herumgeführt worden. Der Riese Skrymer war niemand anders gewesen als der verkleidete Utgardloki. Thors Schlag mit dem Hammer auf seinen Kopf wäre zweifellos tödlich gewesen, wenn Utgardloki den Schlag nicht mit einem Zauberspruch auf einen Berg umgelenkt hätte. Er zeigte zu einem Bergkamm am Horizont mit drei tief eingekerbten Tälern, die Mjöllnir dort hinterlassen hatte. Logi, mit dem Loki um die Wette gegessen hatte, war nichts anderes als das alles verzehrende Feuer. Und Hugi, mit dem Thialfi um die Wette gelaufen war, war Utgardlokis windschneller Gedanke. Zuletzt erfuhren sie, dass die Spitze des Trinkhorns, das kaum leerer geworden war, bis ins Weltenmeer reichte. Und Thor hatte so viel getrunken, dass der Meeresspiegel gesunken war.

Die Katze hochzuheben war ebenfalls eine durchaus fordernde Kraftprobe, da es sich bei dem Tier in Wahrheit um die Midgardschlange gehandelt hatte, und immerhin war es Thor gelungen, sie ein gehöriges Stück vom Meeresgrund hochzuziehen.

Und zu guter Letzt war Utgardloki sehr beeindruckt davon, wie lange Thor der alten Amme Elli standgehalten hatte, die das Alter selbst war, das noch niemand, auch kein Gott, je besiegt hatte. Utgardloki bat sie, sich in Zukunft von seiner Festung fernzuhalten. Hätte er gewusst, wie mächtig Thor war, hätte er ihn niemals in seine Burg eingeladen.

Als Thor die Wahrheit aufging, griff er nach seinem Hammer und holte zu einem vernichtenden Schlag aus. Aber wo Utgardloki gerade noch gestanden hatte, war nichts mehr zu sehen. Auch die Burg war spurlos verschwunden, und um sie herum war nur leere Ebene.

Mit angekratztem Stolz und erschöpft traten die Freunde den Heimweg an.

SURT

SURTR * DER SCHWARZE

Surt zieht von Süden
mit sengender Glut;
von der Götter Schwert
gleißt die Sonne.

AUS *VÖLUSPA* (WEISSAGUNG DER SEHERIN)

Surt ist der dämonische Herrscher der Feuerriesen und regiert uneingeschränkt über das Feuerreich Muspelheim. Sein Name bedeutet »Der Schwarze«. Surt ist Wächter an der Grenze des Feuerreiches und vernichtet alle Eindringlinge. Er ist so alt wie Muspelheim selbst und in der Hitze am Beginn der Zeit entstanden, lange bevor der Rest des Universums erschaffen wurde.

Surt herrscht mit eiserner Hand über die Feuerriesen, die auch Feuerthursen oder Muspels Söhne genannt werden. Er besitzt ein Schwert mit flammender Klinge, das heller als die Sonne leuchtet. Keine andere Waffe kann sich mit dem Schwert messen.

Surt und sein Gefolge entfachen in der letzten Schlacht den Weltenbrand, nachdem die Götter besiegt sind. Die Mischung aus Feuer und Eis, die am Anfang alles Leben hervorgebracht hat, zerstört am Ende alles, was aus ihr entstanden ist.

ÄGIR UND RAN

GYMIR * HLER * RÅN

Ägir und Ran sind der König und die Königin des Meeres und herrschen über die unendlichen Wellenweiten und die dunkle Meerestiefe. Sie zählen nicht zu den Asen, sondern sind mächtige Meeresriesen mit engen Verbindungen zu den Göttern.

Das Paar lebt in einer sagenumwobenen Halle auf dem Meeresgrund. Sie sind reich wie Trolle, weil ihnen alle Schätze aus gekenterten und gesunkenen Schiffen zufallen. Ihre Hallen werden von dem schimmernden Gold erhellt.

Die Götter lieben Rans und Ägirs üppige Festmahle, bei denen sie mit den Ertrunkenen zusammen schlemmen und trinken. Die langen Tafeln decken sich wie von Wunderhand von ganz allein, Bestecke und Bierkrüge landen aus dem Nichts vor den Gästen, und die Gerichte schweben auf die Tische.

Ägir und Ran haben zusammen neun Töchter, die die unterschiedlichen Wellenarten darstellen. Diese neun Töchter haben gemeinsam den Wächtergott Heimdall geboren.

Der Herrscher des Meeres Ägir wird auch Gymir oder Hler genannt. Er gebietet über die Meeresoberfläche, die Fahrrinnen der Schiffe, die Schären und Inseln. Dazu ist er ein begnadeter Braumeister, und seine Feste erfreuen sich auch wegen seines überaus schmackhaften Bieres großer Beliebtheit. Schaumkronen auf den Wellen sind das Zeichen dafür, dass Ägirs Bier fertig gebraut ist.

Ran verkörpert das tückische Meer, das Schiffe samt Besatzung gierig in die Tiefe zieht. Alles, was im Meer versinkt, betrachtet Ran als ihr Eigentum. Das gilt besonders für über Bord gegangene Menschen oder Besatzungen, die mit ihren Schiffen untergegangen sind. Ran fängt die Ertrunkenen mit ihrem engmaschigen Netz ein und bringt sie in ihre Halle auf dem Meeresgrund. Ihr Name geht auf das altnordische Wort *rån* zurück, was »Raub« bedeutet. Ran ist die Göttin, die Leben stiehlt. Und wer ertrinkt, hat sich »in Rans Netz verfangen« oder ist »in Rans Bett gestiegen«.

RAGNARÖK

GELLEND HEULT GARM VOR GNIPAHELLIR.
ES REISST DIE KETTE, ES RENNT DER WOLF!
VIELES WEISS ICH, FERNES SCHAU ICH:
DER RATER SCHICKSAL, DER SCHLACHTGÖTTER STURZ.

AUS *VÖLUSPA* (WEISSAGUNG DER SEHERIN)

FIMBULWINTER

Die Götter haben der Finsternis und dem Chaos lange standgehalten, aber ihre Feinde mehren sich, und der Tag rückt unaufhaltsam näher, an dem die Asen, und mit ihnen die Erde, untergehen werden. Diese Apokalypse wird in der nordischen Mythologie Ragnarök (Schicksal der Götter) genannt, das Odin vom Anbeginn der Zeit an versucht hat abzuwenden.

Das erste Vorzeichen der bevorstehenden Katastrophe ist ein drei Jahre währender erbitterter Krieg aller gegen alle, in dem sich Brüder bekämpfen, Väter und Söhne, Familien und Verwandte, der ihre Gemüter verdunkelt und mit Gier und Hass erfüllt. Dem folgt ein dreijähriger klirrend kalter Fimbulwinter, der alles mit Schnee und Eis bedeckt. Wer nicht schon zuvor in dem langen Krieg umgekommen ist, verhungert oder erfriert in der eisigen Kälte.

Am Ende verschlingt der große Wolf Skalli die Sonne und sein Bruder Hati den Mond. Die Sterne fallen vom Himmel, und die Welt versinkt in Finsternis. Die Erdkruste wird von gewaltigen Beben aufgerissen, und der Höllenhund Garm, der Fenriswolf und Loki können sich von ihren Fesseln befreien. Die Midgardschlange erwacht, und die Welt versinkt in den aufgepeitschten Wellen des Ozeans. Lokis Kinder verwüsten Midgard. Der Fenriswolf reißt sein Maul so weit auf, dass es von der Erde bis zum Himmel reicht, und spuckt Feuer. Jörmundgand vergiftet mit ihrem tödlichen Eiter die Erde und das Wasser. Yggdrasil schwankt, und alle Wesen – Menschen, Zwerge und Götter – werden von großer Furcht erfüllt.

In Hel erweckt ein rußroter Hahn die Toten zum Leben, und die Flutwelle schiebt das riesige Totenschiff Naglfar vom Nastrand aufs stürmische Meer hinaus. Im Bug steht Loki als Heerführer des Bösen. Hinter ihm drängen sich Horden von Riesen und Untoten aus Niflheim. Sein Steuermann am Achterruder ist der Riese Hrym. Über ihnen reißt der Himmel auf, und die Feuerthursen strömen aus dem heißen Muspelheim herab. An ihrer Spitze reitet Surt mit seinem Flammenschwert, das heller strahlt als die Sonne. Sie stürmen in wildem Ritt über die Bifröstbrücke, die unter ihrem Ansturm einstürzt.

Heimdall, der die Gefahr kommen sieht, bläst zum letzten Mal das Gjallarhorn. Der Fanfarenton hallt durch die gesamte Schöpfung. Die Götter versammeln sich, und Odin reitet zu Mimirs Brunnen, um von dem Weisen zu erfahren, wie sie diesen Krieg führen sollen. Die Asen und Einherjer rüsten sich zur letzten Schlacht.

Brüder kämpfen
und bringen sich Tod,
Brudersöhne brechen die Sippe.
Arg ist die Welt,
Ehebruch furchtbar,
Schwertzeit, Beilzeit,
Schilde bersten,
Windzeit, Wolfszeit,
bis die Welt vergeht.

AUS *VÖLUSPA* (WEISSAGUNG DER SEHERIN)

DER UNTERGANG DER GÖTTER

Die Sonne verlischt,
das Land sinkt ins Meer,
vom Himmel stürzen
die heitern Sterne.

AUS *VÖLUSPA* (WEISSAGUNG DER SEHERIN)

Die Mächte des Bösen und des Guten treten sich auf dem Kampfplatz Wigrid vor Asgards Mauern gegenüber.

Auf der einen Seite steht Loki mit seinem Heer aus der Unterwelt, begleitet vom Fenriswolf, der Midgardschlange und dem Höllenhund Garm. Der Riese Hrym führt die Reifthursen an, und Surt steht an der Spitze von Muspelheims unendlichen Heerscharen bereit, deren Lichtband sich von Horizont zu Horizont erstreckt. Den Riesen folgen Trollhorden, Drachen und andere Ungeheuer.

Auf der anderen Seite des Kampfplatzes haben die Truppen der Asen Aufstellung genommen. Ihr Heerführer ist Odin auf seinem treuen Hengst Sleipnir, und an seiner Seite steht Thor mit seinem Hammer Mjöllnir in der Hand. Ihnen folgen Frey und Freya auf ihren Kampfschweinen und alle anderen Asen und Wanen, zusammen mit den Einherjern, den Lichtalben und Walküren.

Odin eröffnet den Kampf, indem er mit seinem Speer Gungnir in der Hand auf den Fenriswolf zureitet. Thor nimmt den Kampf mit seiner Erzfeindin Jörmundgand auf, der Midgardschlange. Frey stürzt sich auf Surt und kämpft tapfer, aber ohne sein magisches Schwert hat der Gott keine Chance gegen den Feuerriesen. Immerhin gelingt es Frey, seinem Gegner mit einem magischen Hirschgeweih ein Auge auszustechen, ehe der Riese ihn mit seinem Feuerschwert in der Mitte spaltet. Tyr kämpft gegen Garm, was beide nicht überleben. Thor besiegt die Midgardschlange, schafft es aber nur neun Schritte weit, ehe er, von ihrem Eiter vergiftet, tot zusammenbricht. Odin wird von Fenris verschlungen und dafür von seinem Sohn Vidar gerächt, der die Kiefer des Wolfes auseinanderreißt. Die erbitterten Feinde Loki und Heimdall töten sich am Ende eines gnadenlosen Duells gegenseitig.

Surt bleibt allein zurück und schwingt sein Flammenschwert über die Welt, und das Feuer verschlingt alles, was noch übrig ist, auch den Feuerriesen selbst. Die Erde wird im Weltenbrand ausgelöscht und versinkt im Meer. Alles kehrt in seinen Urzustand zurück: Chaos, Feuer und Eis.

DIE NEUE WELT

Nichts währt ewig, auch nicht der Untergang der Welt. Eine neue Welt wird sich grün und unberührt aus dem Meer erheben, gereinigt von allem Bösen und allem Leid. Es werden Felder mit goldenem Korn wachsen, und in den Flüssen werden sich wieder Fische tummeln. Als die Sonne vom Wolf verschlungen wurde, hat sie noch eine Tochter geboren, genauso warm und strahlend schön wie ihre Mutter, und nun nimmt sie deren Platz am Himmel ein.

Odins Söhne haben die letzte Schlacht ebenfalls überlebt: Vidar, der den Fenriswolf getötet hat, und Vali, der Balder gerächt hat. Modi und Magni, Thors Söhne, sind auch unversehrt aus der Zerstörung hervorgegangen. Balder und sein blinder Bruder Hödur kehren aus Hel zurück und schließen sich der Götterschar der neuen Welt an. Sie finden Odins Zauberrunen und Thors Hammer und bauen sich in Gimli einen neuen Himmel.

Yggdrasil steht noch, und verborgen zwischen ihren Ästen hat ein Menschenpaar Ragnarök überlebt: Lif und Lifthrasil. Von ihnen stammt das neue Menschengeschlecht ab, das in Frieden und Wohlstand unter Balders Führung auf der Erde leben wird.

Aber auch das Böse hat überlebt. Die Seherin Völva sagt voraus, dass auch diese neue Welt zum Untergang verurteilt ist. In der Ferne sind schwere Flügelschläge zu hören, als Nidhögg, der Drache der Finsternis, aus dem Nidafjäll herabgleitet, Menschenleichen unter seinen Flügeln. Er wird eines Tages ein neues Ragnarök einleiten.

Und so beginnt die Geschichte von Neuem.

DANKSAGUNG

Snorri Sturlasson – dessen Bedeutung für unser Wissen über die nordische Mythologie gar nicht hoch genug eingeschätzt werden kann.

Maja Lindqvist – die mir dieses Riesenprojekt ermöglichte, mit mir gekämpft und an mich geglaubt hat, wenn ich am Zweifeln war.

Jenny Helldahl – die die Dämonen von mir ferngehalten und mein Dasein vergoldet hat in den drei Jahren, die ich an dem Buch gearbeitet habe.

Alvaro Tapia – für unschätzbare Tipps am Anfang des Projektes und als ständige Inspirationsquelle.

Johan Sjöberg – für wertvolle Kommentare und ganz generell, weil er so ein Prachtkerl ist.

Peter Madsen – der nicht nur ein herausragender Interpret der nordischen Mythen ist, sondern auch ein meisterlicher Verfasser von Vorworten.

Cecilia Danneker Engström – die das Buch gestaltet hat und die undankbare Aufgabe hatte, meinen Kritzeleien eine gewisse Struktur zu geben.

Andreas Norberg – der den Text lektoriert hat.

Urban Jürgensen – der mit der Lupe Korrektur gelesen hat.

Marta Hedener, Jenny Zunko und alle anderen vortrefflichen Menschen im B. Wahlströms und im Massolit Verlag.

Johan Egerkrans,
Stockholm, 8. Juni 2016

Ich habe während meiner Arbeit an den *Nordischen Göttern* natürlich das eine oder andere Buch über die altnordische Religion gelesen. Aber wie die meisten feststellen werden, die sich mit neuen Interpretationen der alten Mythen beschäftigen, landet man letztendlich immer wieder bei zwei Quellen. Zum einen Snorri Sturlassons *Snorra-Edda*, die um 1220 herum verfasst wurde (auch *Prosa-Edda* oder *Jüngere Edda* genannt), eine Art Lehrbuch der nordischen Mythologie und ein Handbuch der Dichtkunst. Zum anderen die *Poetische Edda* (auch *Ältere Edda* oder *Sämunds Edda* genannt), eine Sammlung mythologischer Gedichte anonymer Verfasser. Der Löwenanteil der Texte in der *Poetischen Edda* ist vermutlich im Zeitraum zwischen 800 und 1000 n. Chr. entstanden.

Diese beiden Bücher des mittelalterlichen Island beinhalten so gut wie alle altnordischen Mythen, die wir heute kennen. Ohne Snorri und die Skalden, die sie für die Nachwelt aufgezeichnet haben, wäre unser Wissen über die alte heidnische Glaubenswelt mehr als dürftig. Ich habe mich in diesem Buch so eng wie möglich an die *Snorra-Edda* gehalten, weil die Texte leicht zugänglich und überzeugend und nicht zuletzt entwaffnend burlesk und humorvoll sind.

Ansonsten habe ich Erik Brates klassische Interpretation von 1913 verwendet. In manchen Fällen habe ich mir die Freiheit genommen, leichte Modifikationen für den heutigen Leser vorzunehmen.

AN INTRODUCTION TO VIKING MYTHOLOGY
John Grant, Grange Books

ASA-TORS HAMMARE
Ebbe Schön, Hjalmarson & Högberg bokförlag

DEN POETISKA EDDAN
i nyöversättning av Alexander Bågenholm, Vulkan Förlag

DEN POETISKA EDDAN
i översättning av Erik Brate, Projekt Runeberg, www.runeberg.org

FORNSKANDINAVISK RELIGION
Britt-Mari Näsström, Studentlitteratur

FÄDERNAS GUDASAGA
Viktor Rydberg, Mimer Bokförlag

GUDAR OCH HJÄLTAR I NORDISK MYTOLOGI
Brian Branston, i översättning av Bo G. A. Ericsson, Ordalaget Bokförlag

KRIGARNA I ODINS SAL
Andreas Nordberg, doktorsavhandling, Stockholms Universitet

MYTERNAS HISTORIA
Karen Armstrong, i översättning av Inger Johansson, Månpocket Fakta

MYTOLOGI – GUDAR, HJÄLTAR, MYTER
Arthur Cotterell, i översättning av Monica & Olle Sahlin, Parragon Books Ltd

NJALS SAGA
i översättning av Hjalmar Alving, Fabel Bokförlag

NORDENS GUDAR OCH MYTER
Hilda R Ellis Davidson, i översättning av Bengt G Söderberg, Bokförlaget Prisma

NORDISKA GUDINNOR
Britt-Mari Näsström, Albert Bonniers Förlag

ODENS ÖGA
Redaktörer Anders Andrén & Peter Carelli, Dunkers Kulturhus

SNORRES EDDA
i översättning av Karl G. Johansson och Mats Malm, Fabel Bokförlag

STORA BOKEN OM VIKINGARNAS GUDAR OCH MYTER
Lars Magnar Enoksen, Schibsted

THE GOSPEL OF LOKI
Joanne M. Harris, Gollancz

THE NORSE MYTHS
Kevin Crossley-Holland, Pantheon Books

ALBEN/ELFEN	Göttliche Fruchtbarkeitswesen. Leben in Alfheim und werden vom Gott Frey regiert. Werden auch Lichtalben genannt.
ASEN	Eins der zwei Göttergeschlechter. Ase/Asen steht auch für die Bezeichnung Gott/Götter im Allgemeinen.
BERSERKER	Krieger, die sich in einen Zustand blinden Kampfrausches versetzen, den Berserkergang, in dem sie keine Furcht und keinen Schmerz mehr spüren.
DISEN	Weibliche mythische Wesen, die über das Schicksal der Menschen bestimmen.
EDDA	Der Name verweist auf zwei literarische Werke aus dem mittelalterlichen Island: *Die poetische Edda* und die *Snorra-Edda*. Beide behandeln göttliche und mythologische Motive.
EINHERJER	In der Schlacht gefallene Krieger, die in Walhall aufgenommen werden.
GALDER	Gesungener Zauberspruch, oft während eines magischen Rituals.
GESTALTWANDLER	Zauberkundige Wesen, die Tiergestalt annehmen können.
KNECHT	Sklave oder unfreier Diener.
MET	Ein alkoholisches Getränk, das durch Honiggärung hergestellt wird. Met wurde in der Eisenzeit, der Wikingerzeit und im frühen Mittelalter meist zu feierlichen Anlässen getrunken. Er galt als Getränk der Götter, das Menschen die Fähigkeit der Dichtkunst verlieh (s. Skalde).
REIFTHURSEN	Eisriesen (s. Riesen).
RIESEN	Bösartige Urzeitwesen, Feinde der Götter und Menschen. Leben in Jötunheim.
RUNEN	Schriftzeichen der altgermanischen Völker. Runen werden nicht nur als Schriftzeichen eingesetzt, sondern auch als

magische Symbole. Odin und andere zauberkundige Wesen können mithilfe von in Holzstücke oder Knochen eingeritzten Runen die Zukunft vorhersagen.

SCHILDMAID — **Kriegerin.**

SEJD — **Ein Zauberspruch, mit dem die Sejdare (häufig eine Völva oder Seherin) sich in Trance versetzt, was es ihr ermöglicht, mit der Geisterwelt in Kontakt zu treten.**

SKALDE — **Ein Dichter, Sänger und Poet. Die Skaldenkunst genoss in der Wikingerzeit einen hohen Stellenwert. Viele der bekanntesten Skalden waren mächtige und einflussreiche Männer.**

VÖLVA — **Eine herumreisende Seherin, die die Zukunft vorhersagt, oft gegen Bezahlung. Völva bedeutet »Stabträgerin«. Ihr Stab ist ein wichtiger Bestandteil des Sejds (s. Sejd).**

WALKÜREN — **Weibliche Geistwesen, die bestimmen, wer in der Schlacht fällt, und die Gefallenen in Odins oder Freyas Hallen geleiten.**

WANEN — **Das zweite Göttergeschlecht. Göttinnen und Götter der Fruchtbarkeit, des Friedens und der Magie.**

ZWERGE — **In der Unterwelt lebende Wesen, die aus den Würmern in der Leiche des Urriesen Ymir erschaffen wurden. Geschickte Handwerker und Schmiede. Werden auch Schwarzalben genannt.**

Der Autor und Illustrator

Johan Egerkrans zählt zu den bedeutendsten Illustratoren Schwedens. Er illustriert sowohl seine eigenen Bücher als auch die von anderen Autorinnen und Autoren. *Nordische Wesen* war sein Debüt als Autor und zugleich sein großer Durchbruch. Darauf folgten *Nordische Götter, Die Untoten* und *Drachen*. Alle vier Bände gelten in seinem Heimatland bereits jetzt als moderne Klassiker und werden von Leserinnen und Lesern auf der ganzen Welt geliebt.

Die Übersetzerin

Maike Dörries zog es schon früh in den skandinavischen Norden. Sie studierte Skandinavistik in Göttingen und erhielt während dieser Zeit erste Übersetzungsaufträge. Anschließend arbeitete sie als Lektorin und Übersetzerin für den Anrich Verlag/Beltz & Gelberg in Weinheim. Seit der Jahrtausendwende ist Maike Dörries als freie Übersetzerin aus dem Schwedischen, Norwegischen und Dänischen tätig.

Deutsche Erstausgabe
9. Auflage 2025

Die Originalausgabe erschien 2016 unter dem Titel *Nordiska gudar* bei B. Wahlströms Bokförlag, Norstedts Förlagsgrupp, Stockholm (Schweden).
Published by agreement with Rabén & Sjögren Agency
Aus dem Schwedischen von Maike Dörries
Lektorat: Eva Jaeschke, Berlin
Layout und Satz: Sabine Conrad, Bad Nauheim
Druck und Bindung: Livonia Print, Riga, Lettland
Dieses Buch wurde auf FSC-zertifiziertem Papier gedruckt.
ISBN 978-3-96177-091-5
GPSR (General Product Safety Regulation)-Kontakt: W1-Verlage GmbH, Semperstrasse 24, 22303 Hamburg, gpsr@w1-verlage.de

www.woow-books.de
www.egerkrans.com

Folgt uns auf Instagram unter
@woowbooks_verlag